Mit freundlichen Grüßen

L'allemand oral et écrit au baccalauréat

Playbac, collection dirigée par Michel Viel et Kathleen Julié :

L'anglais écrit au baccalauréat, 1984, par Michel Viel et Kathleen Julié.

L'anglais oral au baccalauréat, 1985, par Martine Skopan.

L'espagnol oral au baccalauréat, 1987, par Danièle Bélorgey et Marc Zuili.

ISBN 2-7080-0568-5

OPHRYS, 6, avenue Jean Jaurès, 05002 GAP CEDEX
OPHRYS, 10, rue de Nesle, 75006 PARIS

Yvette ROSENFELDER-BRUTINOT
Lycée Marcelin-Berthelot
Pantin

Martine SKOPAN
Lycée Marcelin-Berthelot
Saint-Maur

L'allemand oral et écrit au baccalauréat

COLLECTION PLAYBAC

OPHRYS

Avant-Propos

Le présent ouvrage est destiné à la préparation des épreuves du baccalauréat. Les sept premiers chapitres sont centrés sur l'épreuve orale, le huitième et dernier chapitre sur l'épreuve écrite.

Epreuve orale

L'épreuve orale de langue vivante du baccalauréat, comporte deux parties. D'une part, un entretien en langue étrangère portant sur un document étudié en classe et choisi par l'examinateur dans la liste présentée par le candidat. D'autre part un entretien sur un document non étudié en classe et fourni par l'examinateur. Chacune de ces parties est notée sur 10. Le candidat passe les deux parties de l'épreuve dans l'ordre qui lui convient. La durée totale de l'épreuve est de vingt minutes [1].

Les 7 premiers chapitres de ce livre préparent à la seconde de ces deux épreuves.

Les documents

Les textes prévoient trois types de supports : les textes brefs (d'une vingtaine de lignes), les documents iconographiques, et les documents sonores.

L'évaluation

Les critères retenus sont les suivants :

— intelligibilité et correction de la langue.

— richesse des moyens linguistiques mis en œuvre.

— aptitude à argumenter et à réagir aux sollicitations de l'examinateur.

— qualités personnelles du candidat (culture, « diversité des intérêts individuels » [1], etc.).

Il faut donc remarquer que l'objectif de l'épreuve n'est pas de tester la compréhension du document proposé. Celui-ci doit servir de base de départ à une conversation avec l'examinateur et donc aider à mesurer la capacité des candidats à mobiliser rapidement leurs aptitudes à l'expression.

Comment vous préparer à cette épreuve

La première contrainte que vous allez rencontrer est celle du temps. Il faut faire vite et pour cela développer vos réflexes. C'est le but de cet ouvrage.

---

1. Bulletin officiel du Ministère de l'Education Nationale n° 18 du 2 mai 1985.

La deuxième difficulté tient à la grande diversité des supports qu'on peut vous proposer, que ce soient les textes ou les documents iconographiques (les documents sonores, pour lesquelles les contraintes matérielles — acoustique, qualité du support — sont plus délicates, ne sont pas traités ici).

C'est pourquoi vous trouverez dans des documents divers répartis de la façon suivante : *statistiques* et *graphiques, photographies, dessins* et *bandes dessinées, publicités,* reproduction de *tableaux* et de *gravures, documents authentiques de civilisation, articles de journaux* et *textes d'auteurs.* Ils sont simples et représentatifs de la civilisation allemande.

Chaque chapitre offre un entraînement linguistique adapté au type de support concerné, du lexique utile, des exercices de démonstration ou d'illustration et surtout des « Anleitungen » qui se présentent sous la forme de questionnaire que vous aurez intérêt à parcourir *systématiquement* chaque fois que vous vous trouverez devant un document inconnu. Ces « Anleitungen » vous permettront de vous poser les bonnes questions et d'avoir « quelque chose à dire » quel que soit le support que vous aurez à traiter à l'examen.

Des exercices plus spécifiques vous entraîneront à rentabiliser au maximum le peu de temps dont vous disposez pour cette épreuve. Il s'agit du maniement des *chiffres* (chapitre 1) et des exercices de *lecture rapide* (chapitre 7).

Enfin il est bien évident que cette épreuve, puisqu'elle mesure vos capacités d'expression dans la langue étrangère est l'aboutissement du travail accompli en seconde et première et que la préparation doit commencer dans ces classes.

Epreuve écrite

Pour la préparation à l'épreuve écrite [1], on a constitué un dossier de huit sujets donnés au cours de sessions récentes du baccalauréat. Il y a autant de sujets de seconde langue que de première langue. Le dossier comporte trois sujets parisiens, trois sujets provinciaux, un sujet « national » de septembre, et un sujet donné à l'étranger.

1. Bulletin officiel du Ministère de l'Education Nationale du 7 juillet 1983.

Sommaire

Kapitel 1

SCHAUBILDER

1.1 — Ziffern

1.1.1. Daten

1987 = neunzehnhundert siebenundachtzig

Lesen Sie laut :

H.B. wurde 1917 im Rheinland geboren. 1951 wurde sein erster Roman veröffentlicht. Sein Werk »Gruppenbild mit Dame« erschien 1971. Im Jahre 1972 erhielt er den Nobelpreis für Literatur. Er starb 1985 in Köln.

Beantworten Sie folgende Fragen :

Wann wurde die Bundesrepublik Deutschland gegründet ?
Wann begann bzw. endete der Zweite Weltkrieg ?
Wann sind Sie geboren ?

1.1.2. Zahlen

München ist die drittgrösste Stadt in der Bundesrepublik Deutschland mit 1 267 451 (= einer Million zweihundertsiebenundsechzigtausend vierhunderteinundfünfzig) Einwohnern.

Weitere deutsche Städte :

- Berlin-West : 1 848 585 (Berlin-Ost : 1 185 533)
- Hamburg : 1 592 447
- Köln : 966 512
- Essen : 627 516

Die gesamte Bundesrepublik Deutschland hat 61 049 256 Einwohner (Stand am 31.12.84), bei einer Fläche von 248 717,2 km^2.

1.1.3. Prozente

30 % = dreißig Prozent
19,5 % = neunzehn Komma fünf Prozent
8,05 % = acht Komma null fünf Prozent

Die Entwicklung der Wohnbevölkerung nach Ländern und in Prozenten (– = minus).

Zuwachsrate von 1982 im Vergleich zu 1950 :

- Berlin : – 11 %
- Bayern : + 20,5 %
- Baden-Württemberg : + 45 %
- Saarland : + 12 %

1.1.4. Brüche

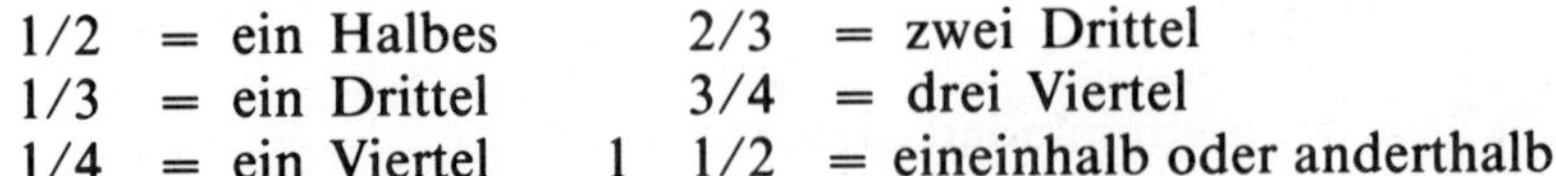

1/2 = ein Halbes	2/3 = zwei Drittel
1/3 = ein Drittel	3/4 = drei Viertel
1/4 = ein Viertel	1 1/2 = eineinhalb oder anderthalb
1/7 = ein Siebtel	2 1/4 = zweieinviertel
1/10 = ein Zehntel	

1.2 — Kurven

1.2.1. Fieberkurve der Geldentwertung

Nur im logarithmischen Maßstab lässt sich das Hochschnellen der Inflationsrate zwischen 1919 und 1923 überhaupt darstellen.

Lesen Sie laut :

Inflation damals : Vom Weltkriegsbeginn bis 1920 hatte die Reichsmark 90 Prozent ihres Wertes verloren.

Anfang der zwanziger Jahre stieg die Inflationskurve um das Billionenfache. Ende 1923 nahm der Alptraum ein Ende; die Rentenmark, eine neue Währung, wurde eingeführt.

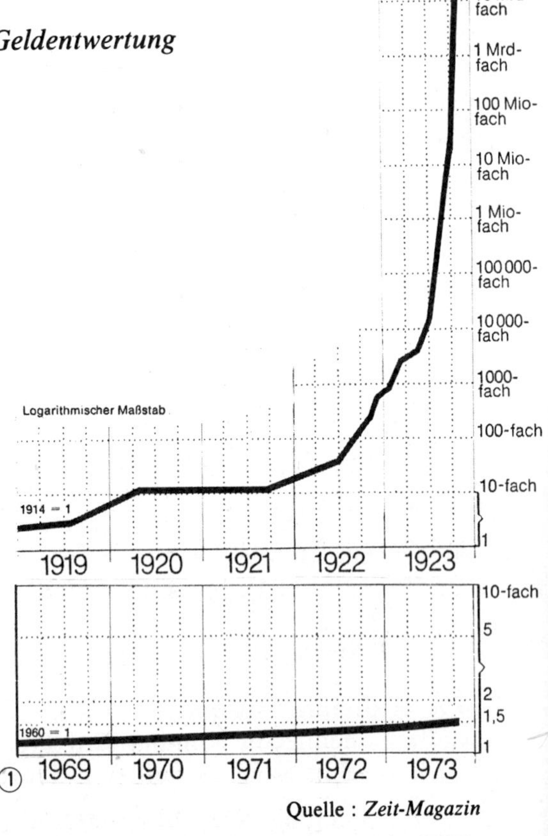

Quelle : *Zeit-Magazin*

Inflation heute : kein Vergleich zu den Schreckensjahren bis 1923.

Anfang der siebziger Jahre steigt die Kurve des Lebenshaltungsindexes, in gleichem Maßstab gemessen, kaum merklich an; am stärksten jedoch seit 1972.

1.2.2. Zum Kommentieren...

der Anstieg	an/steigen, (ei) ie, ie	das Sinken, sinken (i) a, u
die Zunahme	zunehmen, (i) a, o	der Abfall, ab/fallen (ä) ie, a
das Wachstum	wachsen, (ä) u, a	
das Hochschnellen		
das Klettern		

stetig, langsam, allmählich, sanft, kaum merklich... plötzlich, schnell, steil, auffallend...

1.2.3. Weiteres Beispiel

Das »ZDF-Politbarometer« führte zwischen dem 21. und 26. Juni 1986 eine Umfrage durch, deren Ergebnisse auf dem Kurvenbild abzulesen sind.

(»ZDF« = Zweites Deutsches Fernsehen)
Zweites Programm

Welche Partei gefällt Ihnen am besten?

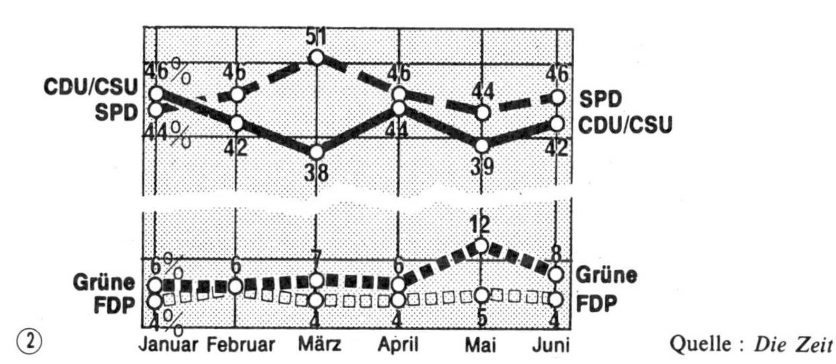

② Quelle : *Die Zeit*

Die Kurvenwerte der CDU/CSU unterliegen einigen Schwankungen, pendeln sich jedoch — nach einem Tiefpunkt im Monat März — wieder auf einen Mittelwert ein.

Die Werte der SPD steigen zunächst erheblich an, erreichen im März einen gewissen Höhepunkt und sinken dann allmählich wieder unter die 50 %-Grenze herab.

Nach der Reaktor-Katastrophe von Tschernobyl (am 26. April 1986) konnten die Grünen im Mai bei den Wählern einen Stimmenzuwachs verbuchen, den sie jedoch im Juni, einen Monat danach, zum Teil wieder verloren.

Nachhaltigste Veränderung der politischen Stimmung »nach Tschernobyl« ist das stärkere Interesse vieler Bundesbürger für den Umweltschutz.

1.3 — Tabellen

1.3.1. Beispiel : Internationale Lohntabelle

③

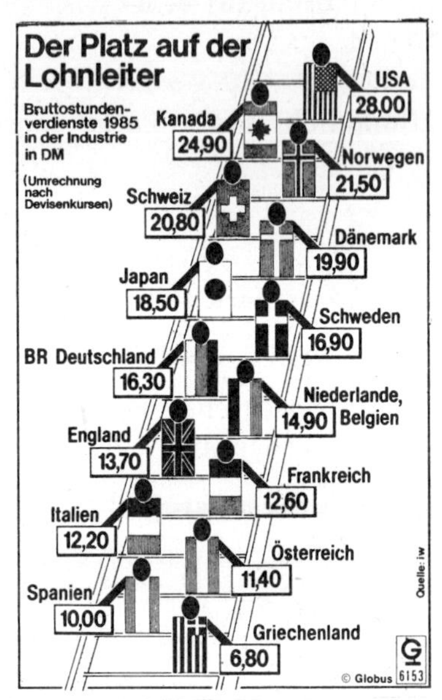

1.3.2. Zum Kommentieren...

1.3.2.1. Rangeinnahme

Welches Land nimmt den ersten Rang ein ?
Welches den letzten ? Welches den dritten ?

1.3.2.2. Wörten und Wendungen

an erster Stelle, auf der obersten Sprosse, auf dem ersten Platz, an der Spitze, ganz oben,
an letzter Stelle, auf der untersten Sprosse, am Schluß, ganz unten, gerade über/unter, knapp hinter/vor,
beinahe, fast, ungefähr, mehr oder weniger, im großen und ganzen.

Bsp. : Frankreich und Italien weisen mehr oder weniger denselben Stundenverdienst auf. Die Bundesrepublik Deutschland liegt knapp hinter Schweden.

1.3.2.3. Vergleiche

- höher als, weitaus höher als, niedriger als, tiefer als...
- zweimal soviel wie, halb soviel wie, ebensoviel wie, weitaus weniger als, zweimal so hoch wie, halb so hoch wie...
- wesentlich, ausgeprägt, bedeutend, abseits, am Rande, an der Spitze, am Schluss...
- kurzer Abstand, knapp...

Bsp. : Ein amerikanischer Industriearbeiter verdient doppelt soviel wie sein englischer Kollege.
Italien folgt Frankreich auf knappem Fuß. Griechenland folgt Spanien mit Abstand (in einem relativ breiten Abstand).

1.3.2.4. Möglicher Kommentar

Auf der obersten Sprosse der Lohnleiter der westlichen Industrieländer sitzen die Arbeiter der USA. Sie kamen 1985 auf einen durchschnittlichen Bruttostundenverdienst von 28 DM (umgerechnet nach Devisenkursen). Einen Platz tiefer befanden sich ihre Kollegen aus Kanada mit 24,90 DM pro Stunde. Den dritten Rang nahmen die Norweger mit 21,50 DM ein, gefolgt von den Schweizern und den Dänen.

Die deutschen Industriearbeiter besetzen einen Platz im Mittelfeld mit 16,30 DM. Frankreich nimmt die elfte Stelle ein, knapp hinter England und gefolgt von Italien. Griechenland steht auf der untersten Sprosse und somit an letzter Stelle.

1.3.3. Weiteres Beispiel

Für Spanien hängt vom Touristik-Geschäft am meisten ab. Über ein Fünftel seiner Deviseneinnahmen verdankt das Land seinen Urlaubsgästen.

Auf dem zweiten Platz folgt Österreich, das fast 17 Prozent seiner Einnahmen aus dem Tourismus schöpft. Auch für Griechenland, Portugal und Jugoslawien stellt der Tourismus eine bedeutende Einnahmequelle dar.

Die Einnahmen der Bundesrepublik Deutschland aus dem Tourismus betragen ungefähr ein Zehntel im Vergleich zu Spanien.

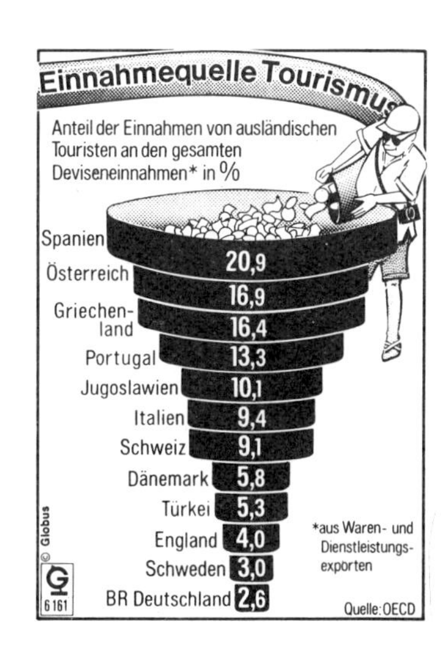

④

1.4 — Anleitungen

Hier ein paar Tips, die Ihnen beim Kommentieren von Kurven, Tabellen und Schaubildern helfen sollen :

1. Aus welcher Quelle stammen die Informationen ? (Umfrage/Statistik usw.)
2. Vergleichen und analysieren Sie die Zahlen bzw. Beträge untereinander !
3. Stellen Sie fest, in welche Zeitspanne die Untersuchung fällt !
4. Versuchen Sie, den Zweck der Umfrage zu ermitteln !
5. Äußern Sie Ihre Meinung über die Meßergebnisse !
6. Welche allgemeine Tendenz zeichnet sich in dem Schaubild ab ?
7. Konzentrieren Sie sich auf diejenigen Angaben, die aus irgendeinem Grund aus dem Rahmen fallen !
8. Suchen Sie die wesentlichsten Aussagen heraus ! Schöpfen Sie aus Ihren persönlichen Kenntnissen zu diesem Thema, um die Angaben zu erläutern !
9. Stellen Sie sich vor, wofür die Dokumente vielleicht vorgesehen waren !
10. Versuchen Sie zu erraten, wer solche Untersuchungen in Auftrag geben könnte ?
11. Wer wird mit diesen Ergebnissen zufrieden bzw. unzufrieden sein ?
12. Wer könnte diese Resultate ausnutzen ?
13. Wer benutzt gewöhnlich derartige Dokumente ?
14. Welchen Nutzen würden Sie daraus ziehen ?
15. Setzen Sie sich in der Regel mit solchen Meinungsumfragen auseinander ?
16. Vergleichen Sie die Resultate mit den Erwartungen, die Sie hatten, bevor Sie die Forschungsergebnisse zur Kenntnis genommen haben !
17. Denken Sie, man hätte dieses Thema anders anpacken sollen ?

1.5 — Zusätzliches Anschauungsmaterial

Dieses Schaubild zeigt, welche aktuellen Probleme den Bundesbürgern mehr oder weniger am Herzen liegen.

Bsp. : Eine nachhaltige Prägung der politischen Stimmung ist das starke Interesse vieler Bundesbürger für den Umweltschutz.

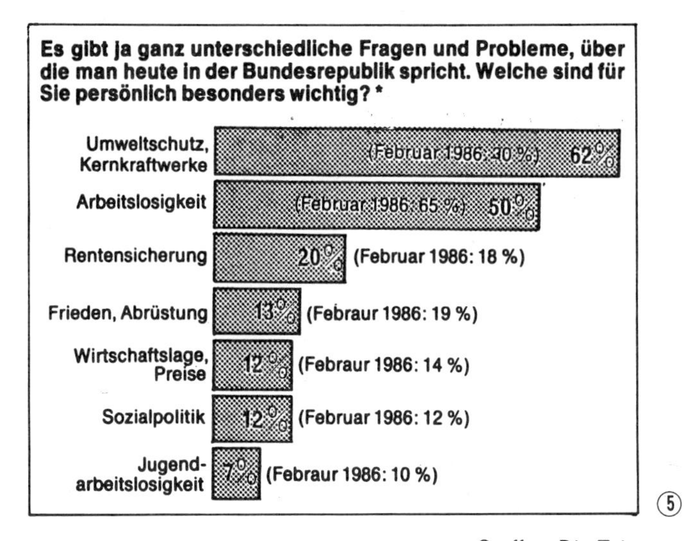

Quelle : *Die Zeit*

Das folgende Bild veranschaulicht den Anteil einzelner Nationen am Weltexport.

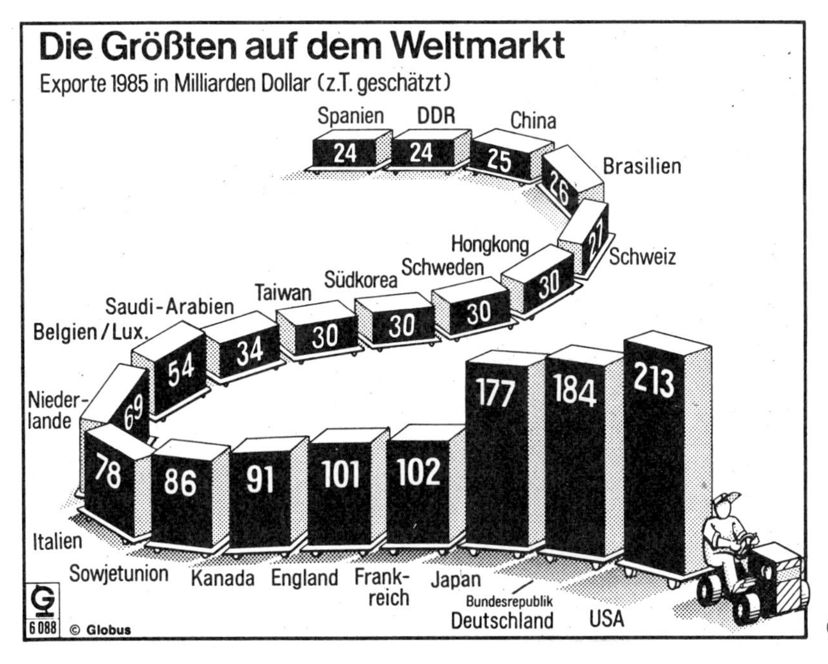

Abgeordnete im Deutschen Bundestag

1949	CDU/CSU 141, FDP 53, DP 17 · SPD 136, Sonstige 63
1953	CDU/CSU 250, FDP 53, DP 15, BHE 27 · SPD 162, S
1957	CDU/CSU 278, DP 17 · SPD 181, FDP 43
1961	CDU/CSU 251, FDP 67 · SPD 203
1965	CDU/CSU 251, FDP 50 · SPD 217
1966	Große Koalition: CDU/CSU 253, SPD 217 · FDP 50
1969	CDU/CSU 250 · SPD 237, FDP 31
1972	CDU/CSU 234 · SPD 242, FDP 42
1976	CDU/CSU 254 · SPD 224, FDP 40
1980	CDU/CSU 237 · SPD 228, FDP 54
1983	CDU/CSU 255, FDP 35 · SPD 202, Grüne 28

⑦

schwarz : Regierungsparteien weiß : Opposition *Quelle : Scala*

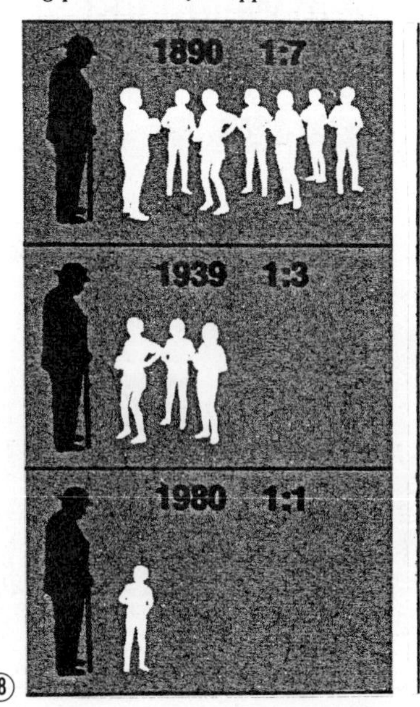

Foto: Cornelius Meffert; Zeichnung: Tyll van de Voort

⑧

Quelle : *Stern*

Quelle : *Bundespresse-und Informationsamt*

Tageszeitungen mit einer verkauften Auflage von über 300.000 (IV. Quartal 82)

Bild (Hamburg)	5.404.900
Westdeutsche Allgemeine/ WAZ (Essen)	668.200
Expreß (Köln)	460.200
Hannoversche Allgemeine Zeitung	411.500
Südwest Presse (Ulm)	398.900
Rheinische Post (Düsseldorf)	397.700
Süddeutsche Zeitung (München)	340.400
Augsburger Allgemeine	334.100
Frankfurter Allgemeine/FAZ	320.800
Nürnberger Nachrichten	314.400
B.Z. (Berlin)	304.800

⑨

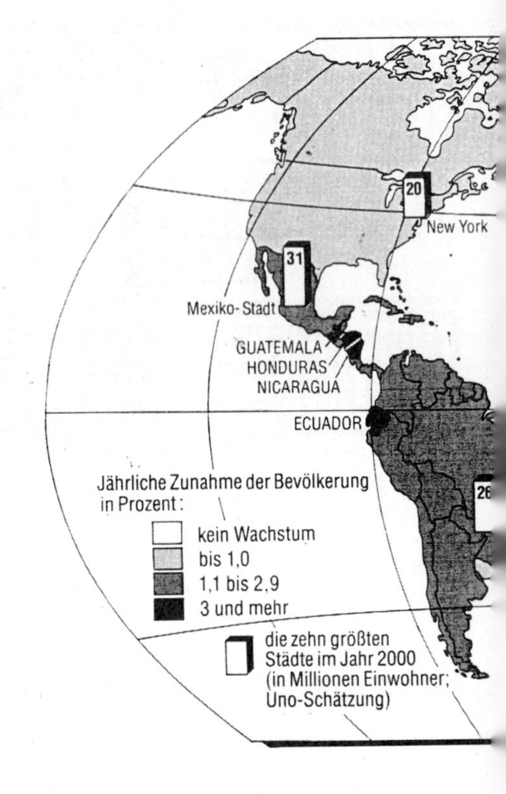
New York
20
31
Mexiko-Stadt
GUATEMALA
HONDURAS
NICARAGUA
ECUADOR
Jährliche Zunahme der Bevölkerung in Prozent:
kein Wachstum
bis 1,0
1,1 bis 2,9
3 und mehr
die zehn größten Städte im Jahr 2000 (in Millionen Einwohner; Uno-Schätzung)

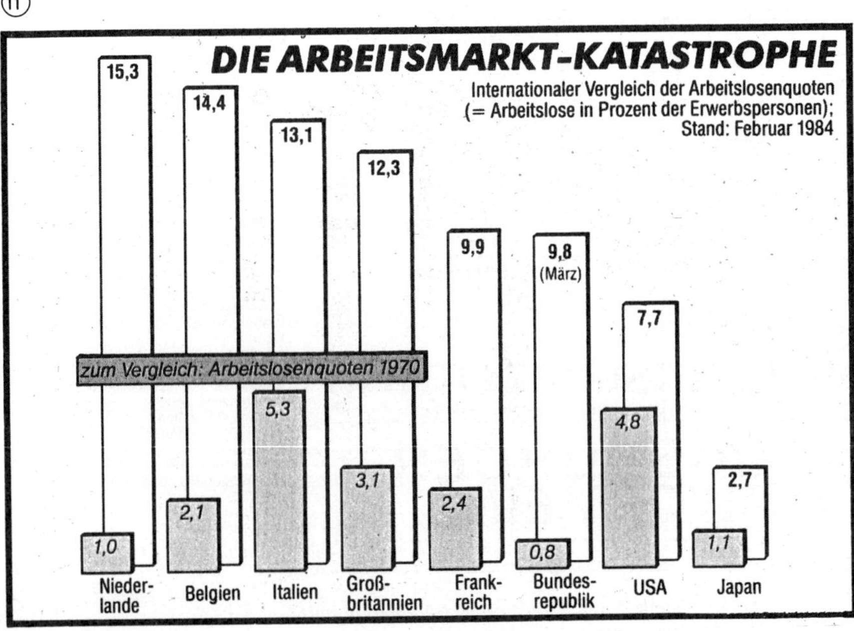
11
DIE ARBEITSMARKT-KATASTROPHE
Internationaler Vergleich der Arbeitslosenquoten (= Arbeitslose in Prozent der Erwerbspersonen); Stand: Februar 1984
zum Vergleich: Arbeitslosenquoten 1970
15,3
1,0
Nieder-lande
14,4
2,1
Belgien
13,1
5,3
Italien
12,3
3,1
Groß-britannien
9,9
2,4
Frank-reich
9,8 (März)
0,8
Bundes-republik
7,7
4,8
USA
2,7
1,1
Japan

JORDANIEN
SYRIEN
IRAK
IRAN
AL-GERIEN
LIBYEN
SU-DAN
OMAN
SAUDI-ARABIEN
GHANA
BENIN
NIGERIA
UGANDA
RUANDA
SAMBIA
BOTSWANA
KENIA
TANSANIA
MALAWI
SIMBABWE
SWASILAND
23
26
24
Peking
Schanghai
Tokio-Yokohama
Kalkutta
20
19
Bombay
BANGLA-DESCH
17
Djakarta
SALOMONEN
Bevölkerungszunahme
DER SPIEGEL

(10)

(12)

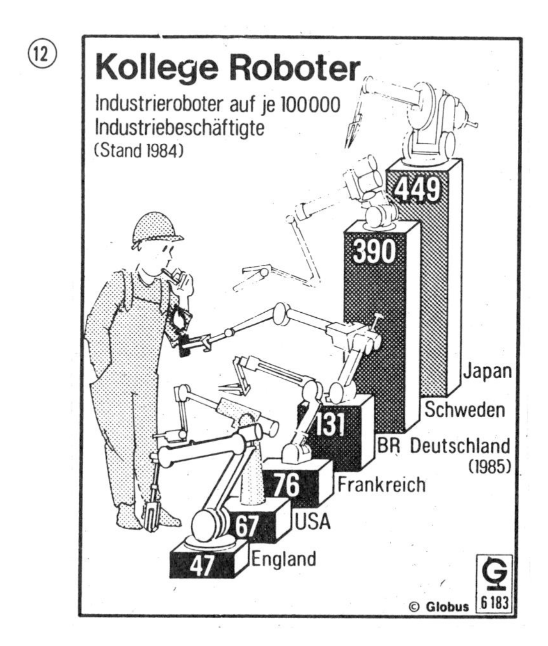
Kollege Roboter
Industrieroboter auf je 100000 Industriebeschäftigte
(Stand 1984)
449
Japan
390
Schweden
131
BR Deutschland (1985)
76
Frankreich
67
USA
47
England
© Globus
6183

Deutsche auf Platz fünf

Im Oktober und November 1977 erforschte im Auftrag des SPIEGEL das Pariser Institut BVA in einer Repräsentativ-Umfrage die Einstellung der Franzosen zu Deutschland und den Deutschen. Ein Teil der Fragen wurde zur selben Zeit – wortgleich oder entsprechend – durch das Emnid-Institut (Bielefeld). auch in der Bundesrepublik Deutschland gestellt.

Anhand einer Liste wurde in beiden Ländern die Sympathie für andere Völker ermittelt.

Auf die Frage: „Welches Volk auf dieser Liste ist Ihnen am sympathischsten?" wurde an erster Stelle genannt:

Antworten der Franzosen

Antworten der Deutschen

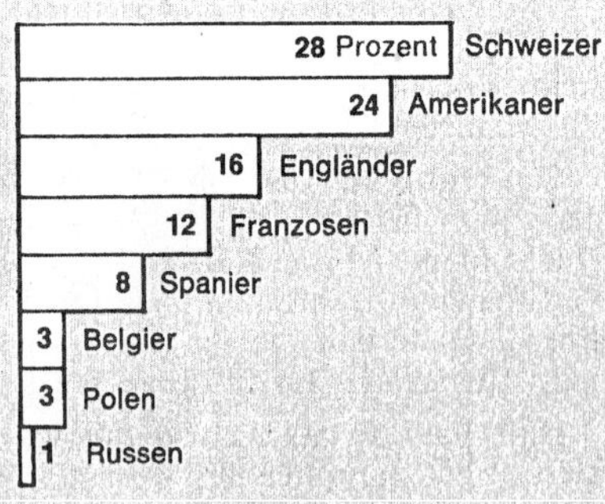

Sympathie überwiegt

An einer Skala mit den Werten +5 bis −5 sollten die Franzosen anzeigen, wie sympathisch oder unsympathisch ihnen die Deutschen sind. Umgekehrt drückten die Deutschen ihre Sympathien für die Franzosen ebenfalls in zehn Werten aus.

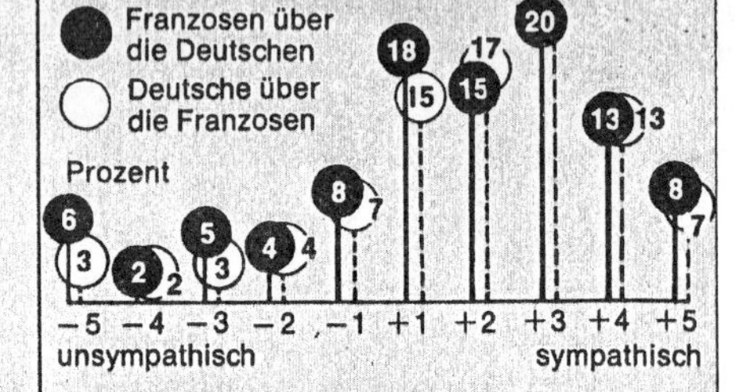

Beziehungen: gut bis befriedigend

Franzosen und Deutsche wurden in den SPIEGEL-Umfragen gebeten, die Beziehungen zwischen ihren Ländern „mit Hilfe von Schulnoten" zu bewerten (deutsche Zensurenskala 1 bis 6, französische 10 bis 1).

Antworten der Franzosen

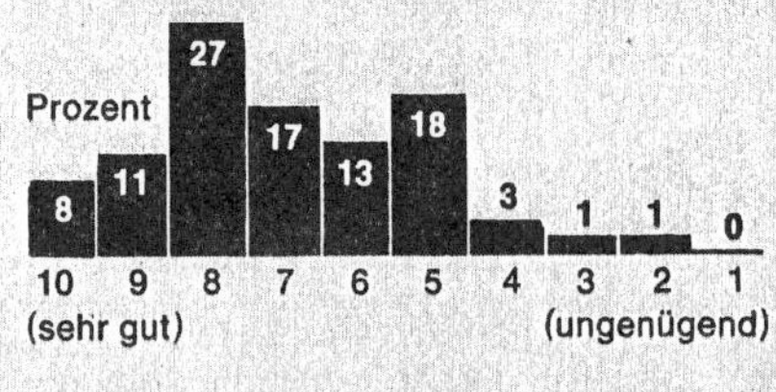

Antworten der Deutschen

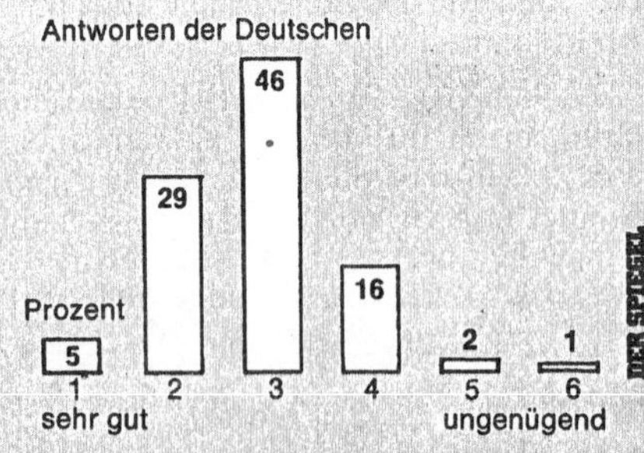

(13)

Kapitel 2

PHOTOGRAPHIEN

2.1 — Was das Auge sieht...

①

Romy Schneider

Die Porträt- bzw. Nahaufnahme vergrößert jede Einzelheit und gibt dem Gesichtsausdruck seine Lebendigkeit und Eindringlichkeit, sowie dem Bild seine volle Ausdruckskraft.

② Berlin 1983 — Die Außenaufnahme (plan d'ensemble extérieur)

③ Berlin 1983 — Die Nahaufnahme (plan moyen rapproché)

④ Berlin 1983 — Die Innenaufnahme (plan d'ensemble intérieur)

⑤

Aus der Vogelperspektive (plongée)

⑥

Die Großaufnahme (gros plan)

⑦

Aus der Froschperspektive (contre-plongée)

⑧ Gestaltung und Aufbau (cadrage)

Es handelt sich um eine historische Momentaufnahme :

der »Schnappschuss« eines sowjetischen Kriegsphotographen am 30. April 1945 — bei der Einnahme Berlins durch die russische Armee.

Das Kriegsgeschehen steht im Brennpunkt : eine dramatische Verbindung wird zwischen dem Vordergrund (alte Frau mit einem Paar Schuhe in der Hand) und dem Hintergrund (Soldaten in anrollenden Panzern) hergestellt und gibt dem Bild eine starke Spannung. Der Gegensatz von Macht und Ohnmacht erhöht noch beträchtlich dieses Spannungsverhältnis. In diesem Fall ist die phototechnische Gestaltung ein wesentliches Hilfsmittel auf dem Weg zum Kommentar.

2.2 — Personalbeschreibung

2.2.1. Wörter und Wendungen zum Aussehen

Das Gesicht : eckig, rund, lang/länglich, schmal...

Das Haar : wellig, lockig, gekräuselt, glatt, dunkel, blond, gefärbt;
der Kurzhaarschnitt, die Bürstenfrisur,
die Glatze, der Kahlkopf,
die Mähne (langes, meist ungeordnetes Haar);
der Bart, der Schnurrbart, der Stutzbart,
der Backenbart = die Koteletten...

Die Haut : helle/dunkle Hautfarbe, Runzeln/Falten, Sommersprossen,
Muttermale = Leberflecken, Grübchen...

Die Nase : gerade, lang, spitz, stumpf,
die Stupsnase, die Himmelfahrtsnase...

Der Körperbau : breitschultrig, schwerfällig, derb, stämmig, kräftig, muskulös,
schlank, dünn, schmächtig, schmalhüftig, anziehend, hübsch, gutaussehend, reizend, abstoßend, häßlich,
hochgewachsen, kurzbeinig, Durchschnittsgewicht, eine tolle Figur...

Die Kleidung : gestreift, kariert, gemustert, gefleckt/getupft, einfarbig, schlicht; zerlumpt...
die Badehose/der Badeanzug, der Schlips,
die Manschettenknöpfe, die Unterhose/der Schlüpfer,
die Lederhose, die Knickerbockers, der Anzug,
die Weste/die Jacke/das Wams, der Roll-Pulli, der Pullover, der Nicki (mit samtartiger Oberfläche), das Hemd, der Gürtel, die Mütze, die Pantoffeln...
die Bluse, der Rock, das Kostüm, der BH, die Handtasche, die Stiefel, der Regen-, der Pelzmantel...
gut angezogen, in großer Aufmachung/Toilette, schlecht/schäbig/armselig gekleidet, heruntergekommen...

Der Schmuck : der Goldring, der Armreif, die Ohrringe, die Halskette, die Krone, der Orden...
in Samt und Seide, von Geschmeide strahlend...

Das Alter : die Flegeljahre, das Backfischalter, in jungen Jahren, in den mittleren Jahren, in den besten Jahren, in fortgeschrittenem Alter, Anfang Dreißig, Ende Vierzig...

Das Zubehör : der Schulranzen, die Aktenmappe, die Einkaufstasche, der Spazierstock, der Wanderstab, die Waffe, die Peitsche

2.2.2. Wörter und Wendungen zum Charakter

Freundlich, fröhlich, optimistisch, heiter, feinfühlend,
Charmant, anziehend, gewinnend,
Empfindsam, verständig, vernünftig, tüchtig, zuverlässig,
Gewissenhaft,
Selbstsicher, selbstzufrieden, selbstsüchtig, ich-bezogen,
Pessimistisch, schwermütig, reizbar, heissblütig, unerzogen,
Schüchtern, zurückhaltend, bescheiden, anspruchslos, wohlerzogen,
Intellektuell, geistreich, spritzig, phantasiereich, schöpferisch,
Mürrisch, kummervoll, gelangweilt, angeödet,
Unehrlich/unredlich, unzuverlässig, schlau, verschlagen/gerissen

Der Außenseiter, das Original, der Sonderling, der Einzelgänger,
Der Aussteiger, der Sponti, der Alternative,
Der Spießbürger, der Mitläufer, der Konservative,
Der Radikale, der Wohlstandsbürger, der Angepaßte...

⑨

2.2.3. Anleitungen

Gehen Sie die folgende Liste durch, als ob die angegebenen Fragen die auf dem Photo abgebildeten Personen beträfen :

1. Beschreiben Sie kurz die einzelnen Personen !
2. Gibt ihre Kleidung irgendwelche Hinweise auf ihren sozialen Stand ?
3. Erraten Sie den Vornamen, das Alter !
4. Wer von ihnen besitzt ein eigenes Auto ?
   Wenn ja, was für eines ?
5. Wer unter ihnen übt einen Beruf aus ? Wenn ja, welchen ?
   Wenn nein, warum nicht ?
6. Welchen Lebenstil haben sie ? Beschreiben Sie ihr Zuhause !
7. In welcher Beziehung stehen die Individuen zueinander ?
8. In welchem Verhältnis befindet sich der kleine Junge der Gruppe, bzw. den Einzelnen gegenüber ?
9. Welches Ereignis hat diese Menschen zusammengeführt ?
10. Beschreibe das Profil der politischen Partei, der sie ihre Stimme geben !
11. Wo und wie kann man auf solche Leute stoßen ?
12. Was für Zeitungen lesen sie am Frühstückstisch ?
13. Wen finden Sie am interessantesten bzw. am uninteressantesten ?
14. In was für Tiere würden Sie sie verwandeln ?
15. Können Sie sich vorstellen, was diese Menschen am meisten hassen ?
16. Können Sie sich ihr Lieblingsgericht ausmalen ?
17. Ist es einfach/schwierig ihre Staatsangehörigkeit zu erraten ?
18. Hat sich die Gruppe gerne photographieren lassen ?
19. Was denken sie wohl über den Photographen ?
20. Was ist Ihnen bei dieser Abbildung zuerst aufgefallen ?
    Aus welchen Gründen ? Ist es von Bedeutsamkeit ?

Sind Sie nun die Liste durchgegangen, so werden Sie feststellen, daß Sie den Großteil der Informationen, die Ihnen vor dieser Übung überhaupt nicht in den Sinn kamen, von den Fragen ableiten können.

Versuchen Sie selbst, weitere Fragen zu bilden, um Ihre Interpretation zu vertiefen (malen Sie sich das vergangene/gegenwärtige/zukünftige Leben der Personen aus; oder stellen Sie sich vor, es handelt sich um eine Werbung für einen Film, oder für ein Buch oder für eine Fernsehserie usw.) !

2.3 — Szenenbildbeschreibung

2.3.1. Wörter und Wendungen

In der Mitte, zwischen,
Auf der rechten Seite, rechts, auf der linken Seite, links,
Auf beiden Seiten, auf der gegenüberliegenden Seite,
Nahe bei, in der Nähe von, neben,
Hinter, vor, unter, an der Spitze von, ganz oben, unterhalb,
Auf der gleichen Ebene wie,
Halbversteckt, teils verborgen, in einer Ecke,
Auf jmdn. herunter/schauen, von unten herauf/sehen (ie) a, e;
In der oberen linken/rechten Ecke, oben ganz rechts/links;
In der untersten rechten Ecke, schräg oben rechts,
Auf der linken Bildhälfte,
Im Brennpunkt, im Mittelpunkt, im Schnittpunkt,
Im Vordergrund, im Hintergrund, in der Ferne,
In einem gewissen Abstand, am Rand, abseits.

2.3.2. Annahmen

Es sieht danach aus, als ob + Konj. II...
Er schaut aus, als ob + Konj. II...
Sie scheinen zu...
Ich nehme an, daß...
Es ist zu vermuten, daß...
Ich bin zu der Annahme geneigt, daß...
Ich schätze, daß...
Gesetzt den Fall, daß...
Vorausgesetzt, daß...
Vermutlich, mutmaßlich, voraussichtlich...

Beschreiben Sie die abgebildete Photographie !

⑩

2.3.3. Geistiges Training

Um Ihre Phantasie und somit Ihre schöpferischen Fähigkeiten zu trainieren, sollten Sie sich gedanklich darin üben, eine Geschichte zu erfinden, die jeweils zwei bzw. drei Photographien durch einen Handlungsstrang miteinander verbindet :

- Beschreiben Sie die abgebildeten Personen !
- Berücksichtigen Sie bei Ihrer Erläuterung den vom Photographen gewählten Blickwinkel sowie die Bildgestaltung !
- Untersuchen Sie den Aufbau der verschiedenen Bilder : was ist sichtbar/unsichtbar (beziehen Sie sich dabei nur auf Einzelheiten, die auf den Bildern erkennbar sind oder oder die von der Bildkomposition her vermutlich abgeleitet werden können) !
- Denken Sie sich abenteuerliche Geschichten aus, indem Sie in die Rolle der betroffenen Personen schlüpfen und sich Dialoge oder Monologe zurechtlegen, die zu den Abbildungen passen !

(11)

⑫

Frankreich 1916

Karlsruhe 1942

13

2.4 — Anleitungen

Beim Betrachten des Photos :

1. An welchem Ort wurde das Photo aufgenommen ?
2. Um welche Tages-, Nacht- oder Jahreszeit handelt es sich ?
3. Wie ist die Beleuchtung ?
4. Was geschieht eben auf dem Bild ?
5. Was spielt sich außerhalb des Photos ab ?
6. Könnte es sich bei dem Photo um einen Ausschnitt aus einem größeren Bildzusammenhang handeln ?
7. Warum handeln die abgebildeten Leute auf diese Art und Weise ?

Weitere Tips :

8. Was spielte sich vor der Aufnahme ab und inwiefern könnte dieses Geschehen die abgebildete Situation näher erklären ?
9. Was wird voraussichtlich als nächstes passieren ?
10. Berührt Sie oder ärgert Sie dieses Bild ?
11. Waren Sie schon jemals Zeuge einer solchen Szene ?
12. Sind Ihnen derartige Szenen hierzulande geläufig ?
13. Sind sie typisch für weitverbreitete Lebenseinstellungen ?
14. Streichen Sie die Unterschiede und die Ähnlichkeiten zu vergleichbaren Ereignissen, die Sie selbst erlebten, heraus !
15. Könnte eine solche Situation in der Wirklichkeit vorkommen ?
16. Was war der Anstoß zu einem solchen Schnappschuß ?
17. Fällt es leicht, die gesamte Darstellung zu verändern, indem man nur eine Kleinigkeit austauscht oder wegläßt ?
18. Könnte es sich hierbei um eine Werbung für eine Person oder eine Sache handeln ?

Falls das Photo einen Vergleich zwischen Vergangenheit und Gegenwart suggeriert :

- Wie war die Situation früher ? Was geschah gewöhnlich ?
- Welche Änderung ist eingetreten oder nicht eingetreten ?
- Wie ist die Lage jetzt ?

Wenn das Photo brennende aktuelle Probleme aufwirft :

- Zeigen Sie auf, in welcher Art und Weise die Photographie wesentliche Aspekte des Problems nachdrücklich betont !
- Was sollte infolgedessen getan werden und warum ?
- Stelle Mutmaßungen über den Ausgang des Geschehens an !

Die Anleitungen unter Nr. 2.2.3. und Nr. 2.3.3. können Ihnen auch hierbei von Nutzen sein.

2.5 — Zusätzliches Material

⑮

Villinger Fastnacht — Narro

⑯

Rothenburg

⑰

Bundeskanzler Willy Brandt in Warschau

(18)

Auf der Bundesstraße nach Bayern

⑲

Kapitel 3

WERBUNG

3.1 — Wörter und Wendungen

die Konsumgesellschaft, die Massengesellschaft,
der Massenkonsum, die Verbraucher-bzw. Konsumentenschaft,
die Massenkommunikationsmittel, die Tages-bzw. Massenpresse;

der Massenmensch, der Mann auf der Straße, der Alltagsmensch,
der Durchschnittsverdiener, der Normalverbraucher,
der Kinobesucher, der Zeitungsleser...

durchschnittlich, gewöhnlich, alltäglich, allgemein,
massenhaft, auf die Masse eingestellt, auffällig;

die Werbetrommel rühren, Reklame machen, anpreisen,
werbekräftig, ausschlaggebend, verlockend,
das Plakat, die Anzeige, die Annonce, das Inserat,
die Werbebeilage, die Anschlagtafel, die Litfaßsäule,
das Muster, das Exemplar, der Titel, die Überschrift,
das Schlagwort, der Werbespruch, das Wortspiel...

3.2 — Anleitungen

Angesichts einer Werbung gehen Sie folgende Liste durch :

1. Identifizieren Sie die Sache bzw. die Ware, für die geworben wird ! Die nachfolgenden Fragen können Ihnen dabei helfen.
2. Wo wird für dieses Produkt Reklame gemacht ? Zeitung, Zeitschrift, Litfaßsäule usw.
3. Versuchen Sie abzuschätzen, in welchen Zeitraum diese Werbung fällt !
4. Wofür wird eigentlich geworben ? Vielleicht geht es bei dieser Anzeige gar nicht um eine Handelsware, sondern um eine Idee oder um eine Sache ?
5. Was ist der Zweck dieser Werbung ? Handelt es sich um ein neues oder ungewöhnliches Produkt ?

6. Beschreiben Sie die Werbekunst : Ist sie schlicht oder gekünstelt oder übertrieben ?
7. Ist das Werbeprodukt auf der Reklame abgebildet ?
8. Geben Sie eine sorgfältige Beschreibung von den auf der Anzeige abgebildeten Personen : Ist ihre Klassen- oder Geschlechtszugehörigkeit oder ihr Äusseres von Bedeutung ?
9. Weist die Annonce eine Überschrift auf, so versuchen Sie den Bezug zum Ausgangsprodukt herzustellen !
10. Welche Art von Leuten fühlt sich durch eine solche Reklame angezogen ? Angewidert ?
11. Beruht die Anzeige auf Stereotypen ?
12. Auf welche Art und Weise benutzt die Werbung Klischees (von Ländern, von Menschen usw.) ?
13. In welchem Ausmaße greift die Werbetechnik zum Humor ? In welcher Form (Wortspiele, Anspielungen, Witze, lustige Personen oder Situationen) ?
14. Erscheint Ihnen diese Annonce als besonders witzig ? Erklären Sie warum : der Humor mag unbeabsichtigt sein.
15. Was war Ihre allererste Reaktion : Sehnsucht, Bewunderung, Furcht, Vergnügen ?
16. Ist bzw. war diese Reklame erfolgreich ?
17. Haben Sie so etwas schon einmal gesehen ?
18. Denken Sie, diese Anzeige würde sich besser für ein anderes Produkt oder eine andere Sache eignen ?
19. Könnte sie von manchen Leuten als Kunstwerk angesehen werden ?
20. Würden Sie der Meinung zustimmen, daß der einzige Zweck dieser Anzeige darin besteht, reiche Leute noch reicher werden zu lassen ?

3.3 — Zusätzliches Material

①

Die Stuttgarter: In der Leistung ganz stark

Eine Lebensversicherung soll Ihnen später den gewohnten Lebensstandard erhalten und Ihrer Familie sofort finanzielle Sicherheit geben.

Aber muß sie gleich so viel kosten? Nein. Denn die Stuttgarter hat eine neue Versicherungsidee, die es Ihnen von Anfang an leichter macht: Das Stuttgarter Modell.

Mit einer hohen Absicherung bei niedrigen Beiträgen, die erst nach und nach langsam steigen. Wie das Einkommen.

Kurz: die kluge Alternative zur herkömmlichen Lebensversicherung. Mit einer Leistungsstärke, die Ihnen direkt zugute kommt. Auch wenn Sie nicht gleich so große Dinge bewegen wollen.

Stuttgarter Versicherung

Informieren Sie mich ausführlich über die besonderen Leistungen der Stuttgarter Versicherung

Name ....

Straße ....

Ort ....

Tel. ....

An die Stuttgarter Lebensversicherung a.G.
Olgastraße 80, 7000 Stuttgart 1 S 1 SM

②

AUCH IN DER CAMPAGNA KÖNNEN REISENDE HEUTE MIT EUROCARD ZAHLEN WIE DAHEIM AM MAIN.

Mit 3,3 Millionen Vertragspartnern weltweit bietet EUROCARD – in Zusammenarbeit mit Access, einer der englischen Top-Cards, und Amerika's MasterCard – eines der dichtesten Netze der Erde.

Dicht genug, um auf den Reisespuren des Dichterfürsten in über 35 000 Geschäften mit EUROCARD einkaufen zu können, in mehr als 1100 Banken Lire zu tanken oder in Trattorias, Pizzerias und Ristorantes der „Cucina Italiana" zuzusprechen: von den raffinierten Langostinos im „Ambasciatori Palace" in der Via Veneto bis zur „Bistecca à la Pizzaiola" in einer Dorfschenke Kalabriens – Ihre EUROCARD ist für jedes Mahl gut.

Genauso wie zu Hause bei den nahezu 30 000 deutschen EUROCARD-Vertragspartnern zwischen der Goetheallee in Hamburg und Münchens Goetheplatz.

Eine EUROCARD bekommen Sie über Ihre Bank oder Sparkasse, deren Berater in allen Fragen kompetente Gesprächspartner sind. Oder über ein Postscheckamt.

EUROCARD. WORLDWIDE CREDIT – MADE IN GERMANY.

Ein Service der deutschen Banken und Sparkassen.

③

④

SIE TRÄGT SAGA. WANN IMMER ES IHR GEFÄLLT.
Warum sie ihren Saga mag? Ganz einfach: Sie läuft gern durch Felder und Wiesen, macht lange Spaziergänge im Wald. Sie liebt alte Filme und das Stöbern in versteckten Boutiquen. Und genau das mag ihr Saga-Fuchs. Er macht alles mit. Deshalb mag sie ihn. Und trägt ihren Saga. Wann immer es ihr gefällt.

SAGA
FOX

⑤

Die Geschenkidee!

Alle Jahre wieder die gleiche Frage: Was schenk' ich nur zu Weihnachten? Wie wär's denn mit einer außergewöhnlichen Geschenkidee: Schenken Sie doch ein Telefon!

An Mutter und Vater zum Beispiel, damit sie sich nicht mehr so allein fühlen. Oder auch an die Kinder, die gerade ihren Hausstand gründen. Damit man schneller und öfter mal voneinander hört.

Und so kommen Sie zu Ihrer ganz besonderen Weihnachtsüberraschung: Rufen Sie einfach die Anmeldestelle Ihres Fernmeldeamtes an. (Die Rufnummer finden Sie im Telefonbuch unter „Post".) Sie erhalten dann die erforderlichen Unterlagen und eine hübsche Geschenkkarte.

Also: Wer hat noch keins? Schenk doch eins.

Telefon-weil man's braucht

ARBEITSGEMEINSCHAFT TELEFON

⑥

BEETHOVEN

MISSA
SOLEMNIS

Gundula Janowitz · Christa Ludwig
Fritz Wunderlich · Walter Berry
Wiener Singverein
Berliner Philharmoniker

HERBERT
VON KARAJAN

Kapitel 4

BILDGESCHICHTEN

4.1 — Wörter und Wendungen

Sprechblasen, die Bildfolge, der Zeichentrickfilm, die Comics, der Untertitel, der Bildstreifen, die Witzzeichnung, die Karikatur, die Satire, die Ironie, das Spottgedicht,
lächerlich, spöttisch, spotten über + A.
verkörpern, dar/stellen, vertreten(i) a,e; widerspiegeln...
die Verkörperung, die Darstellung, das Symbol.

4.2 — Übungen

4.2.1. Zeichnungen

Konzentrieren Sie sich zunächst nur auf die Zeichnung, ohne den beigefügten Text bzw. den Untertitel zu beachten !

Sehen Sie sich die folgende Karikatur an und versuchen Sie, die dazugehörige Bildunterschrift selbst zu erraten !

①

Vergleichen Sie schließlich das Ergebnis mit der tatsächlichen Bildunterschrift und ziehen Sie Ihre Schlußfolgerungen daraus !

4.2.2. Bildgeschichten

Haben Sie es mit einer Bildgeschichte zu tun, so können Sie den normalen chronologischen Ablauf der Bilder unterbrechen und jedes einzelne Bild getrennt abhandeln, indem Sie über die Figuren, die Dialoge, die Situationen usw. Vermutungen anstellen.

Oder Sie können die Sprechblasen weglassen und sich ausmalen, was die Leute zueinander sagen.

Machen Sie folgende Übung :

Quelle : *Petra*

4.3 — Anleitungen

1. Bestimmen Sie das Geschehen, den Einfall oder den Ausgang der Geschichte in der Witzzeichnung !
2. Versuchen Sie die Bedeutung der abgebildeten Symbole zu ermitteln (Ölzweig für den Frieden, Lorbeeren für den Sieg, Waagschale für die Gerechtigkeit).
3. Länder können durch ein Symbol dargestellt werden (der Adler für Deutschland, der Bär für Rußland) sowohl Teile der Bevölkerung (der Deutsche Michel, der Berliner Bär, usw.).
4. Berufskategorien sind an bestimmten Indizien zu erkennen (die Aktenmappen der Minister, die Schürzen der Hausfrauen, die Zipfelmütze des Deutschen Michels usw.).
5. Handelt es sich um Menschen, die wirklich existieren bzw. existierten ?
6. Versuchen Sie herauszufinden, wo und wann das abgebildete Geschehen stattfindet ?
7. Bringe ausführlich die Einstellung des Karikaturisten zum Ausdruck !
8. Karikaturen vereinfachen stark die Wirklichkeit. Achten Sie auf die Einzelheiten, die hervorgehoben und die weggelassen wurden !
9. Der Karikaturist will den Betrachter beeinflußen, rühren oder in Wut versetzen. Geben Sie Ihre eigenen Gefühle preis !
10. Ergründen Sie die angewandten Mittel : meistens handelt es sich um Hohn, Spott, Lächerlichmachen. Gibt es noch andere Mittel ?
11. Warum lesen und betrachten Ihrer Meinung nach die Leute Karikaturen und Witzbilder ? Sind Sie selbst ein eifriger Leser von Bildgeschichten ?

(1b)

Pardon

„Solange ihr so rumläuft, könnt ihr alleine spazierengehen"

(2b)

4.4 — Zusätzliches Material

③

④

Quelle : *Zeit Magazin*

⑤

Städtereisen

Fritz Wolf aus *Brigitte*

Marie Marcks

Kapitel 5

KUNSTWERKE

5.1 — Wörter und Wendungen

Ein Gemälde ist : gegenständlich, abstrakt oder gegenstandslos, romantisch, realistisch, naturalistisch, expressionistisch... die Barockmalerei, der Jugendstil, die Neue Sachlichkeit...

der Stich, der Druck, das Ölgemälde, die Skizze, die Wandmalerei, der Holzschnitt, die Graphik...

das Stilleben, das Landschaftsbild, das Porträt, das Bildnis, die Aktstudie...
das Meisterwerk, der Alte Meister...
die Schmiererei, der Schund, die Pfuscherei, der Schinken...
exzentrisch, altmodisch, übertrieben, kitschig, stümperhaft...

Ein Maler ist hochbegabt, unvergleichlich, unübertrefflich... zweitrangig, zweitklassig, mittelmässig...
Ein Maler zeigt handwerkliches Können, Geschick, Meisterschaft...
Malgeräte : die Leinwand, die Staffelei, der Pinsel, die Palette, die Ölfarbe, die Tusche, die Tinte, die Wasserfarbe...

Gemälde werden in Kunstgalerien ausgestellt; sie werden von Kunstliebhabern und Kunstsammlern erworben; an Museen werden Schenkungen gemacht bzw. Stiftungen...

Malweise : die Linienführung, die Raumaufteilung, die Raumtiefe, der Vorder- bzw. Hintergrund, die Pinselführung, die Farbgebung, die Farbenwahl, die Farbtönung, die Beleuchtung, das Licht, der Schatten, das Helldunkel, die Künstlerhand, die Kunstrichtung...

5.2 — Anleitungen

1. Benutzen Sie die Tips unter Nr. 2.2.3./2.3.1./2.3.2./2.4., um das Bild zu beschreiben !
2. Ordnen Sie die Beschreibung so an, als ob Ihr Auge über das gesamte Bild wanderte !
3. Betonen Sie, was Ihnen auffällt, was Sie anziehend bzw. abstoßend finden !

4. Was scheint der Grundton zu sein ? Der Horizont ? der Untergrund ? Die Leute ? Abstrakte Linien ? Geometrische Formen ?
5. Ist die Komposition konventionell (Wiesen, Felder, Teiche, Wolken, Häuser usw.) ?
6. Ist die Szenerie phantastisch, traumhaft, entsetzlich, romantisch ?
7. Wurde dieses Thema in der Malerei oft gemalt ?
8. Versuchen Sie herauszufinden, in welcher Periode dieses Kunstwerk entstanden ist ! So erhalten Sie wertvolle Informationen über das historische und soziale Umfeld.
9. Wer könnte ein solches Kunstwerk in Auftrag gegeben haben ? Eine Privatperson ? Eine bestimmte Gruppe von Leuten ? usw.
10. Bis zu welchem Grad empfinden Sie, daß es sich um »ein wahres Kunstwerk« handelt und nicht um ein gemeines Bild ?
11. Stellen Sie sich die Art der Leute vor, die ein solches Gemälde bei sich zu Hause hängen haben ?
12. Handelt es sich um ein Kunstwerk, das nur Eingeweihte wirklich zu schätzen wissen ?
13. Haben Sie eine Malerei vor sich, die eine weltweite Wirkung haben könnte ?
14. Erfinden Sie einen Titel, falls keiner angegeben ist !
15. Beschreiben Sie Ihre spontane Reaktion auf das Bild ! Was ist Ihre Meinung nach einer gewissen Überlegung ?
16. Würden Sie der Ansicht zustimmen, daß die Arbeit des Kunstmalers heutzutage vom Photographen übernommen wird ?

5.3 — Zusätzliches Anschauungsmaterial

Albrecht Dürer
Die vier apokalyptischen Reiter, um 1496
Holzschnitt, 39,4 × 28,1

②

Hans Holbein
Die Botschafter, 1533
Ölgemälde, 207 × 209,5
London, National Gallery

③

Carl Spitzweg
Der Briefbote im Rosenthal, um 1858
Öl auf Leinwand
Marburger Universitätsmuseum für Kunst- und Kulturgeschichte

④

Alfred Kubin
Die Macht, 1903
Feder- und Tuschezeichnung, 30,9 × 26,6
Städtische Galerie im Lenbachhaus, München

⑤

George Grosz
Die Räuber, 1922
Zeichnung
Berlin, Galerie Nierendorf

⑥

Max Ernst
Der Elephant Celebes, 1921
Ölgemälde, 130 × 110
Sir Roland Penrose Sammlung, London

Kapitel 6

LANDESKUNDE

6.1 — Briefmarken

6.1.1. Wörter und Wendungen

Das Postwertzeichen, die Luftpost-, Wohlfahrts-, Gedenkmarke...
Die Sondermarke, der Sammelwert, die Briefmarkensammlung...
Die Briefmarkenkunde, die Ersttagsausgabe, gestempelt/ungestempelt...
Das Bildnis, die abgebildeten Symbole, das Datum/die Daten...
Der Gedenktag, ins Gedächtnis rufen, die Flagge, das Motto...
Die Losung, der Sinn-, der Wahlspruch, die Ausgabestelle...
Das Ausgabejahr, die Grundierung, usw.

6.1.2. Anleitungen

1. Was für Symbole sind auf den deutschen Briefmarken abgebildet ?
2. Zählen Sie alle Elemente auf, von denen sich irgendeine Information ableiten läßt !
3. Aus welchem Anlaß wurde diese Briefmarke zum ersten Mal herausgegeben ?
4. Handelt es sich um eine einmalige Erscheinung oder um eine Briefmarkenserie ?
5. Was halten Sie persönlich vom Briefmarkensammeln ?

①

②

③

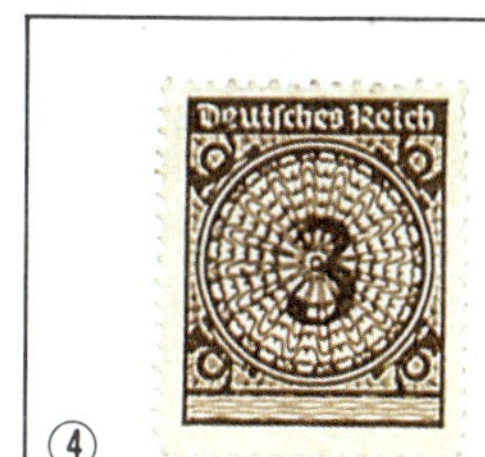

④

6.2 — Banknoten

6.2.1. Wörter und Wendungen

Die Papierwährung, der Geldschein, die Münze, die Prägung, das Zahlungsmittel, die Auf-, Abwertung, die Geldsorten, die Reichs-, Gold-, Rentenmark, die D-Mark, Geld in Umlauf bringen, Geld aus dem Verkehr ziehen, der Geldwert, eine Währung einführen, ungültig werden, das Wasserzeichen usw.

6.2.2. Anleitungen

1. Abbildungen auf Banknoten sind wesentliche Symbole. Versuchen Sie die Bezüge zur Zivilisation des Landes zu erkennen und herauszustellen !
2. Handelt es sich bei den Darstellungen um Personen, Gegenstände oder Ereignisse ? Wie steht es um ihre Wichtigkeit ?
3. Wird dabei eine wesentliche kulturelle Information weitergegeben ?

⑤

6.3 — Wappen

6.3.1. Wörter und Wendungen

Die Wappenkunde, die Gestaltung, die Schilde und die Helme,
Die lineare Einteilung, die Figuren, die ornamentale Musterung,
Das Wappenbild (Löwe, Adler), das Lebewesen, der Sinngehalt,
Die Verzierung, der Wahlspruch, das Prachtstück, das Feld,
Das Staatswappen, das Landes-Wappen, das Statussymbol,
Die Landesfarben, die Kokarde, der Doppeladler,
Schwarzrotgold, usw.

6.3.2. Anleitungen

1. Versuchen Sie, eine Verbindung zwischen dem Wappensymbol und dem Bundesland herzustellen (Bremen : Stadtschlüssel/Stadtstaat/Stadthoheit)1
2. Vergleichen Sie die Wappentiere, die Farbgrundierungen, die Symbole der einzelnen Bundesländer untereinander ! Welche Unterschiede bzw. Parallelen fallen Ihnen auf ?
3. Vergleichen Sie die deutschen Länderwappen mit bekannten Wappen Ihres Landes !

Baden-Württemberg — Bayern — Bremen — Hamburg

Hessen — Niedersachsen — Nordrhein-Westfalen — Rheinland-Pfalz

Saarland — Schleswig-Holstein — Berlin

⑥

6.4 — Landkarten und Stadtpläne

6.4.1. Wörter und Wendungen

Die Erläuterungen, die Abbildungen, die Hinweise,
Das Sehenswerte, die Sehenswürdigkeit, das Wahrzeichen,
Die Grenze, die Landschaft, der Fluß, die Gebirgskette,
Das Mittel-, Hochgebirge, das Tal, die Ebene, das Flachland,
Die Ballungszentren, die mittlere Kleinstadt, die Großstadt,
Der Kur-, Badeort, der Knotenschnittpunkt, die Drehscheibe,
Die Verkehrslinien, die Bahn-, Fluglinien, das Straßennetz,
Die Verkehrsverbindungen, der Fahrplan, der stillgelegte Bahnhof, die Nahverkehrszüge usw.

6.4.2. Anleitungen

1. Wer benutzt Landkarten und Stadtpläne und zu welchem Zweck ?
2. Welche Mindesterwartungen stellen Sie an einen Stadtplan oder an einen Reiseführer ?

⑦

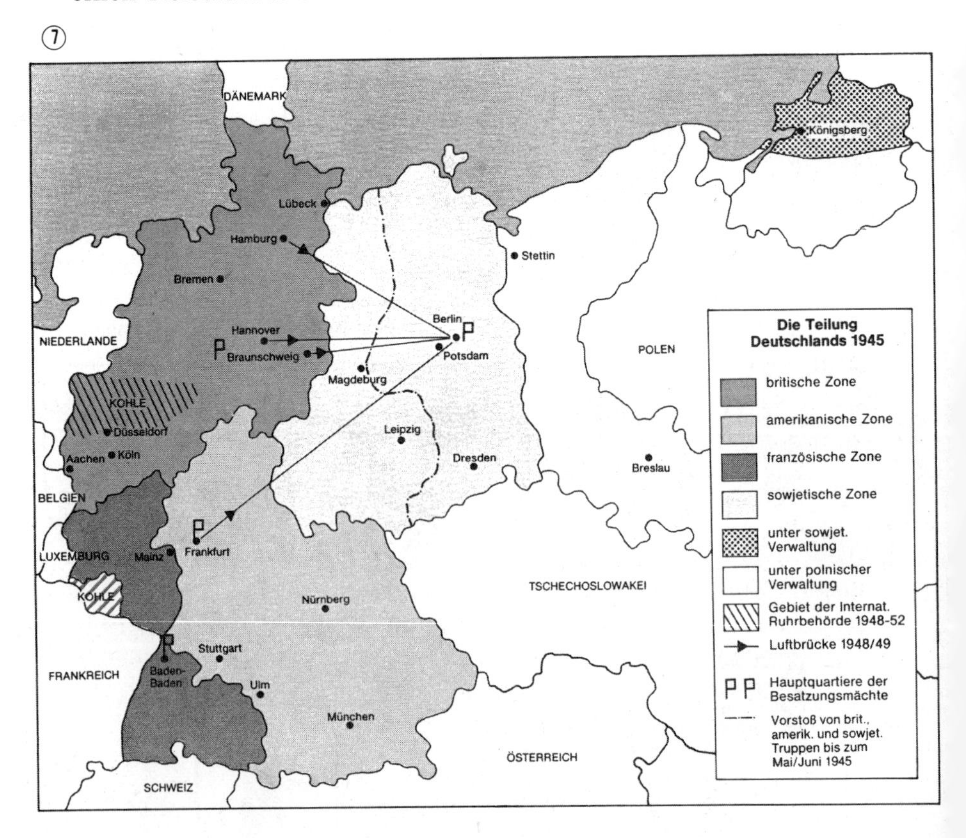

Unternehmen bieten eine große Auswahl von Sightseeing-Touren durch Berlin (West) und Ostberlin an. Allen Nachtschwärmern sei eine Fahrt durch das Berliner Nachtleben empfohlen.

Ecke Rankestraße.

Berolina Stadtrundfahrt (Telefon 8816857): täglich Kurfürstendamm/Ecke Meinekestraße.

Für alle Stadtrundfahrten durch Ostberlin muß der Reisepaß mitgebracht werden.

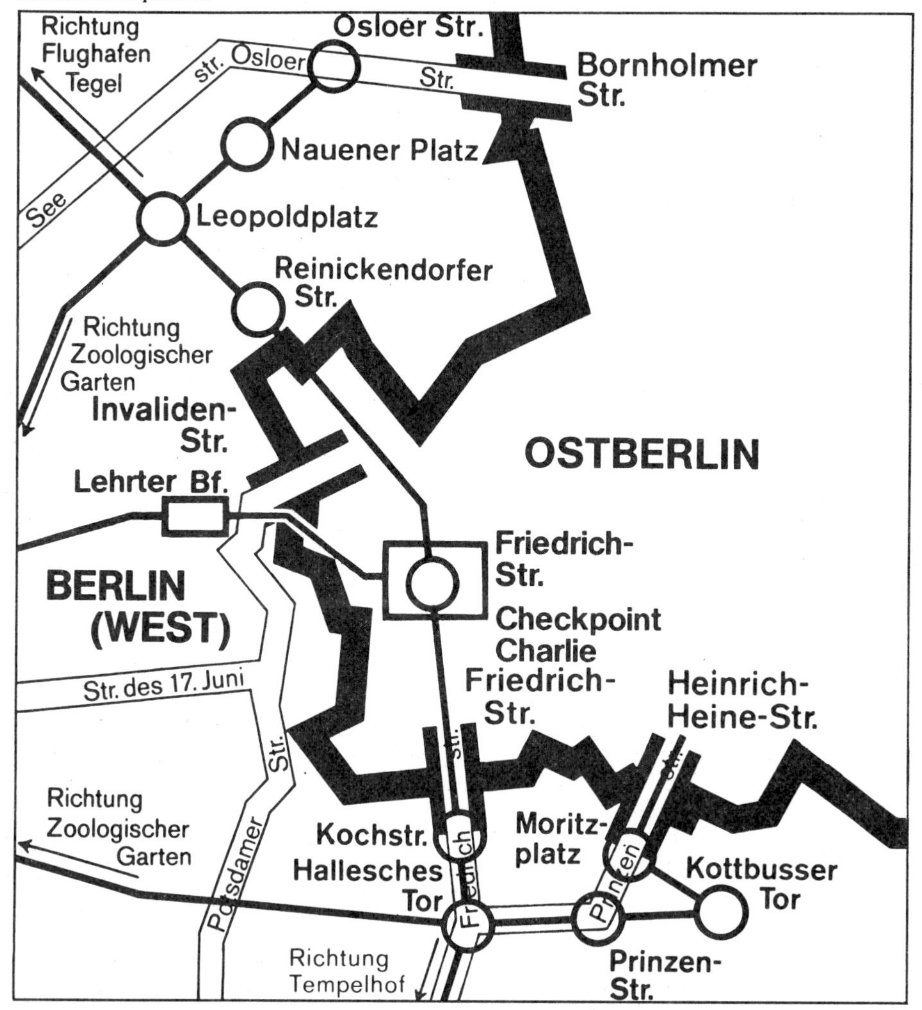

(9)

HOHENZOLLERNSTR.
SCHWABING
ZENTNERSTR.
TENGSTR.
ISABELLASTR.
ELISABETH-PLATZ
KURFÜRSTENSTR.
FRANZ-JOSEPH-STR.
LEOPOLDSTR.
NICOLAI-PLATZ
MANDLSTR.
GEORGENSTR.
NORDENDSTR.
GÖRRESSTR.
MARTIUSSTR.
ALTER NÖRDL. FRIEDHOF
ADALBERTSTR.
OHMSTR.
ZIEBLANDSTR.
SCHELLINGSTR.
Akademie d. bild. Künste
Siegestor
SCHRAUDOLPHSTR.
BLÜTENSTR.
HESS-STR.
LUISENSTR.
ARCISSTR.
Universität
VETERINÄRSTR.
Monopteros
SCHELLINGSTR.
BARERSTR.
AUGUSTENSTR.
THERESIENSTR.
TÜRKENSTR.
AMALIENSTR.
Ludwigskirche
Englischer Garten
KAULBACHSTR.
LUDWIGSTR.
Techn. Hochschule
Alte Pinakothek
Städt. Galerie
GABELSBERGERSTR.
Staats-bibliothek
KÖNIGINSTR.
Glyptothek
SCHÖNFELDSTR.
Obelisk
OSKAR-VON-MILLER-RING
Haus der Kunst
LERCHENFELDSTR.
VON-DER-TANN-STR.
KÖNIGS PLATZ
BRIENNER
KAROLINEN-PLATZ
Propyläen
Theatinerkirche
Haus der Kulturinstitute
STR.
GALERIESTR.
Prinz-Carl-Palais
Neue Sammlung
Nationalmus
LUISENSTR.
MEISERSTR.
PRINZREGENTENSTR.
SOPHIENSTR.
BARERSTR.
OTTOSTR.
ODEONS-PLATZ
Hofgarten
PILOTYSTR.
MAXIMILIANS-PLATZ
Residenz
HERZOG-RUDOLF-STR.
ST.-ANNA-STR.
LIEBIGSTR.
Justizpalast
LENBACH-PLATZ
Feldherrnhalle
Cuvilliéstheater
PROMENADE-PLATZ
Residenz-theater
KARLS-PLATZ
STACHUS
Frauenkirche
Nationaltheater
TRIFTSTR.
STERNSTR.
NEUHAUSER-KAUFINGER STR.
MAXIMILIANSTR.
Max-II.-Denkmal
WIDENMAYERSTR.
Karlstor
MARIEN-PLATZ
Rathaus
HERZOGSPITAL STR.
FÄRBERGRABEN
Hofbräuhaus
Schauspielhaus
Museum für Völkerkunde
MAXIMILIANSBR.
SONNENSTR.
HERZOG-WILHELM-STR.
Asamkirche
RINDERMARKT
TAL
Deutsches Theater
KREUZSTR.
SENDLINGER STR.
ROSENTAL
Peterskirche
THIERSCHSTR.
STEINSDORFSTR.
SCHILLERSTR.
OBERANGER
Viktualienmarkt
Münchner Stadtmuseum
ISARTORPLATZ
ST.-JAKOBS-PL.
RUMFORDSTR.
ZWEIBRÜCKENSTR.
SENDLINGER-TOR-PLATZ
BLUMENSTR.
Matthäuskirche
Marionetten theater
MÜLLERSTR.
Theater am Gärtnerplatz
Volksbad
WIENE
LUDWIGSBR.
LINDWURMSTR.
FRAUNHOFERSTR.
KLENZESTR.
BAADERSTR.
Deutsches Museum
ROSENHE

München

TEXTE

7.1 — Zeitungsartikel

7.1.1. Schlagzeilen

- Es mag Ihnen schwierig erscheinen, sich darüber den Kopf zu zerbrechen, da sie beim Leser meistens Fachkenntnisse voraussetzen. Außerdem besitzen Zeitungen ihren eigenen Sprachstil »Zeitungsdeutsch« (Sprachklichees, Modewörter, Substantivierungen, usw.).
- Halten Sie daher nach Sprachklischees Ausschau, die in allen Zeitungen gang und gäbe sind (»in der Patsche«, »Tödliche Sensation« usw.). Diese Klischees stammen oft aus dem Bereich des Sports, des Kampfes, des Wetters...
- Ungewöhnliche Wortzusammensetzungen, Kürzel, Substantiv- und Passivformen treten im Zeitungsdeutsch gehäuft auf. Die wichtigste und neueste Nachricht erscheint in den ersten Zeilen.
- Schlagzeilen sollen die Aufmerksamkeit auf die Zeitung lenken und den Leser dazu bringen, die gesamten Artikel durchzulesen. Es handelt sich hierbei keineswegs um eine Inhaltsangabe oder nur äußerst selten (es geht dabei mehr um das Austüfteln von Wortspielen und je anspruchsvoller die Zeitung, desto ausgeklügelter die Titelzeilen).

Beispiele :

Der Kaiser hat abgedankt!

Der Reichskanzler hat folgenden Erlaß herausgegeben:

Seine Majestät der Kaiser und König haben sich entschlossen, dem Throne zu entsagen.

Der Reichskanzler bleibt noch so lange im Amte, bis die mit der Abdankung Seiner Majestät, dem Thronverzichte Seiner Kaiserlichen und Königlichen Hoheit des Kronprinzen des Deutschen Reichs und von Preußen und der Einsetzung der Regentschaft verbundenen Fragen geregelt sind. Er beabsichtigt, dem Regenten die Ernennung des Abgeordneten Ebert zum Reichskanzler und die Vorlage eines Gesetzentwurfs wegen der Ausschreibung allgemeiner Wahlen für eine verfassunggebende deutsche Nationalversammlung vorzuschlagen, der es obliegen würde, die künftige Staatsform des deutschen Volk, einschließlich der Volksteile, die ihren Eintritt in die Reichsgrenzen wünschen sollten, endgültig festzustellen.

Berlin, den 9. November 1918. **Der Reichskanzler.**
Prinz Max von Baden.

①

②

Donnerstag, 6. Oktober 1983 · 40 Pf

Bild

UNABHÄNGIG · ÜBERPARTEILICH

3:0 Riesig

Unsere Elf schafft die Wende

Ohnsorg-

Back-Papier

Sonderangebot jetzt 20% mehr Inhalt

KRAFT

BILD vom 6. 10. 73

Endspiel

Irre, Klasse – danke!

BILD vom 4. 7. 74

Bild

Größte WM-Zeitung des Kontinents

Unsere nächsten Gegner sind Jugoslawien, Schweden, Polen

Noch ist Deutschland nicht verloren

BILD vom 24. 6. 74

Urlauber! Nicht vergessen!

REMINGTON SUPER 600

Montag, den 8. Juli 1974 · 25 Pf

Bild

UNABHÄNGIG · ÜBERPARTEILICH

Größte WM-Zeitung des Kontinents

Ja! Ja! Ja!

2:1 Wir sind Weltmeister

atemgold

für guten Atem

Frage an Cruyff: Was machst du nun?

BILD vom 8. 7. 74

7.1.2. Schneller lesen

Um den Inhalt eines unbekannten Textes rasch zu erfassen, sollten Sie Ihre Lesegeschwindigkeit erhöhen.

- Lesen Sie den vorliegenden Zeitungsartikel in höchstens 3 Minuten, durch, ohne zunächst die darauffolgenden Fragen zu beachten, und beantworten Sie erst dann die Fragen auf Seite 72 !

Brombeerhecken und ein wenig Moos

③

Die Gewöhnung an ein Monstrum, das heute — auch — Touristenattraktion ist

Von Otto Jörg Weis (Berlin)

Alles normal in Berlin. Ein Sigtseeing-Omnibus Typ Skyliner nach dem anderen fährt vor am Potsdamer Platz. Dutzende von Kameras richten sich auf die Mauer, die hier in der Mitte der Stadt besonders attraktiv zurechtgemacht worden ist für die Touristen, angemalt mit phantastisch-bunten Phantasiebildern: Augen voller Tränen, Köpfen von Gauklern, Wüstenpalmen, strahlenden Sonnen, Fischen, dazwischen der Spruch: „Nie mehr Tierversuche". Japaner kaufen Plüschbären aus Taiwan, Kioske bieten T-Shirts feil mit dem Reichstag auf der Brustseite, oder Berliner Luft in Dosen, rostfrei, verzinkt. Ein paar Jugendliche haben sich mit dem Buckel an die Mauer gelehnt und trinken entspannt Coca-Cola.

Vor 25 Jahren, in der Nacht vom 12. zum 13. August 1961, sind hier die Illusionen zu Bruch gegangen. 70 Minuten nach Mitternacht hat die DDR-Nachrichten-Agentur ADN die erste Meldung gebracht von den „Schutzmaßnahmen" des Warschauer Pakts gegen die „Wühltätigkeit" des Westens.

Als der Regierende Bürgermeister Willy Brandt mit der ersten Frühmaschine aus Hannover aus dem Bundestagswahlkampf an die Spree hetzt, schlagen ihm „Angst, Verzweiflung, Wut" (Brandt) entgegen: ein Westberliner Extrablatt schreibt: „In der letzten Nacht hat Ulbricht die Sowjetzone endgültig zum KZ gemacht". Kennedy indes bleibt auf Segeltour, de Gaulle auf seinem französischem Landsitz, McMillan auf seiner geliebten schottischen Moorhuhnjagd, Adenauer im nicht minder geliebten Wahlkampf. 193 Berliner Straßen werden in den Tagen danach zerschnitten und zerteilt. In der Bernauer Straße, deren Häuserfront zum Osten, die Bürgersteige hingegen schon zum Westen der Stadt gehören, stürzt sich ein 47jähriger Ostberliner zu Tode; 1253 Fenster in dieser Straße werden zugemauert. Beim Versuch, schwimmend durch den Humboldthafen zu fliehen, wird ein 24jähriger erschossen; Stacheldraht wird selbst unter Wasser gezogen. Am 26. August 1961 ist die Mauer von Norden nach Süden vollends dicht.

74 Tote an der Mauer hat die Westberliner Polizei seit damals registriert, zuletzt im November 1980 die Erschießung einer 18jährigen Ostberlinerin durch DDR-Grenzer.

Die Gewöhnung an diese „Schandmauer" hat viel Zeit beansprucht, die Narben sehen unterschiedlich aus bei alten und jungen Einheimischen und „Touris", wie die Touristen an der Spree heißen.

Frankfurter Rundschau, 12. August 1986

a) Von welchen Personen spricht der Journalist ?
b) Welches Datum steht im Mittelpunkt des Textes ?
c) Um was für ein Ereignis handelt es sich ?
d) Vor wieviel Jahren hat es sich zugetragen ?

- Lesen Sie nun denselben Text noch einmal sorgfältig durch, und beantworten Sie, soweit wie möglich und innerhalb von 3 Minuten, folgende Fragen :

a) Zu welchem Zeitpunkt hat die DDR-Nachrichtenagentur die ersten Meldungen über den Mauerbau gebracht ?
b) Wie hieß der amtierende Regierende Bürgermeister von Berlin ?
c) Welche bekannten Politiker werden in diesem Artikel sonst noch erwähnt ?
d) Wie viele Berliner Straßen wurden in den Tagen danach zerteilt ?
e) Wie viele Fenster wurden zugemauert ?
f) Wann war die Mauer vollends dicht abgeriegelt ?
g) Wie viele Menschen sind bei der Flucht über die Mauer seit damals ums Leben gekommen ?
h) Wie alt war das jüngste Todesopfer ?
i) Mit welchem »Schlagwort« rechtfertigt die DDR-Regierung den Mauerbau ?

PS : Sie sollten nun eigentlich in der Lage sein, eine Minute lang und ohne Unterbrechung, über dieses Thema zu sprechen. So wird sich Ihr Redefluss rasch verbessern.

7.1.3. Stichpunkte

HAUPTTHEMA	
QUELLENNACHWEIS	
DATUM	
MITTEILUNG	
ZIEL	
SACHLICHKEITSGRAD	
VERWANDTE THEMEN	
ANDERE QUELLEN	
PERSÖNLICHE ERFAHRUNG	

7.1.4. Anleitungen

1. Nachdem Sie den Text gelesen haben, bringen Sie zunächst die Hauptidee in einem einzigen Satz zum Ausdruck ! Ein kurzer Zeitungsartikel beinhaltet selten mehr als zwei oder drei wesentliche Ideen.
2. Unterstreichen Sie die Schlüsselwörter und die Schlüsselsätze ! Achten Sie auf die Bindewörter und analysieren Sie sie sorgfältig ! Notieren Sie alles genau !
3. Der Wortschatz, die Endungen oder andere Einzelheiten können Ihnen Hinweise darauf geben, ob der Text eventuell aus Deutschland, aus Österreich oder aus der Schweiz stammt.
4. Widmen Sie einen Teil Ihrer Aufmerksamkeit dem Erzählstil : Ich-Erzähler oder Er-Erzähler, indirekte oder direkte Rede, Sprachstil (Umgangssprache, gehobene Sprache usw.)...
5. Haben Sie die Nachrichtenquelle (Zeitung, Zeitschrift, Buch) ausfindig gemacht, so unterziehen Sie den Artikel einer genauen Kritik : ein Artikel aus «Dem Spiegel» wird sicher nicht die gleichen Geschichten wie «Die Bild-Zeitung» bringen. So können Sie abschätzen, ob die Nachrichtenquelle zuverlässig ist.
6. In den meisten Zeitungsartikeln handelt es sich bei dem ersten Abschnitt mehr oder weniger um eine Inhaltsangabe des Gesamtartikels. Übersehen Sie daher nicht diesen ersten Abschnitt ! Daraufhin folgt entweder der ganze Artikel in voller Ausführlichkeit oder zusätzliche Informationen.
7. Im letzten Abschnitt werden oft Parallelen zu ähnlichen Fällen gezogen oder allgemeine weitverbreitete Ansichten wiedergegeben.
8. Ziehen Sie bei Ihrem Kommentar auch das Datum in Betracht ! Stellen Sie die Gleichheiten oder die Unterschiede heraus, ob die erwarteten Ereignisse eingetreten sind, was sich geändert oder nicht geändert hat !
9. Im welchem Maße ist der Artikel aufschlußreich, deutlich und mit der Information auf dem laufenden ? Gehören Sie zu dem entsprechenden Leserprofil ?
10. Finden Sie den Artikel unterhaltend, langweilig, interesselos, unsinnig, ansprechend, irreführend, lehrreich, nützlich, schädlich ?
11. Inwiefern ist dieser Text objektiv ? Beziehen Sie sich auf die abgedruckten, weggelassenen oder verschwiegenen Tatsachen !
12. Ziehen Sie Ihr Wissen und Ihre Erfahrung heran : haben Sie ein Buch gelesen oder einen Film gesehen, der dasselbe Thema zum Gegenstand hat ? Vergleichen Sie beides miteinander !

13. Rufen Sie sich persönliche Erlebnisse in Erinnerung : vielleicht haben Sie sich in derselben Lage befunden, wie der Held in dem Zeitungsartikel, oder Sie sind auf das gleiche Problem gestoßen.
14. Besteht eine enge Verbindung zwischen dem Titel und dem Inhalt ?
15. Vergleichen Sie Ihre Erwartungen in anbetracht des Titels mit der Wirklichkeit ! Denken Sie sich andere Titelüberschriften aus !

7.1.5. Zusätzliches Material

④

Richtige Bewegung

Mit seinem bei den Filmfestspielen in Cannes mit der „Goldenen Palme" ausgezeichneten Film „Paris, Texas" hat der deutsche Regisseur Wim Wenders seinen größten Erfolg errungen.

Die internationale Kritik und die Cinéasten waren dem deutschen Filmregisseur Wim Wenders schon immer gewogen, entschieden mehr als das große Publikum, doch nun, letzte Woche im regnerischen Cannes, wurde Wenders mit Publikumsjubel wie Kritikerlob geradezu überschüttet.[1]

Nach Schlöndorffs „Blechtrommel" erhielt – erstmals wieder seit fünf Jahren – ein Deutscher die begehrte Trophäe, die den hektischen Filmmarkt von Cannes adelt, die „Goldene Palme": Wim Wenders für „Paris, Texas".

„Le Monde" bejubelte Wenders' Familiengeschichte als „aufregendsten Film der letzten zehn Jahre". Dem „FAZ"-Rezensenten Hans-Dieter Seidel verschlug es die Sprache: „Von diesem Film zu schwärmen[2] bedeutet den hoffnungslosen Versuch, in Worten die intensive Macht der Bilder nachzuvollziehen."

Wenders-Filme waren immer wieder Geschichten von einer Reise, von einer Bewegung im Raum, von der Suche nach einem verlorenen Ursprung, und sie waren immer erfüllt von einer Sehnsucht nach Amerika, nach dem amerikanischen Kino.

Wie ein klassischer Western beginnt Wim Wenders' Film-Reise durch Amerika. Und wie ein Western endet „Paris, Texas" nach zweieinhalb Stunden, in denen Wenders den Zuschauer auf die Augenweide führt: Ein Mann kommt aus dem Nichts, erledigt eine Aufgabe, die er sich stellt, und verschwindet in die unbekannten Weiten der Zukunft – ein heroischer Verlierer, der endgültig von der Vorstellung vergangenen Glücks Abschied genommen hat.[3]

Der Spiegel, 1985

---

1. überschütten : combler
2. schwärmen : se passionner
3. Abschied nehmen : prendre congé

SOLLEN KERNKRAFTWERKE ABGESCHALTET WERDEN?

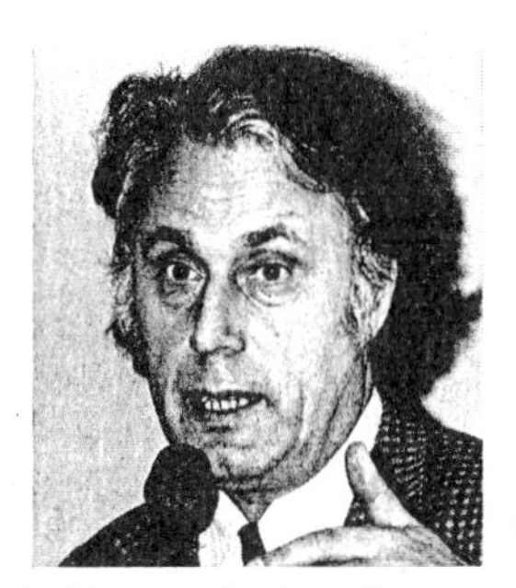

Heidi Genée, Regisseurin: „Natürlich, sofort. Das sage ich schon seit Jahren, aber es nützt nichts. Der Forschungsminister Riesenhuber behauptet einfach, so was wie in der UdSSR kann bei uns nicht passieren. Dann passiert bei uns eben was anderes. Wie sicher die Behörden[1] und Politiker sind, kann man ja jetzt schön sehen: Die flattern rum wie die Hühner und wissen gar nicht, wo sie zuerst messen sollen."

Birgit Breuel, niedersächsische Ministerin für Wirtschaft und Verkehr, CDU: „Nein, die deutschen Kernkraftwerke sind die sichersten der Welt. Wir könnten der Sowjetunion technologische Hilfe anbieten, um Zwischenfälle vermeiden zu helfen. Wer unsere Kernkraftwerke abschalten will, gefährdet Tausende von Arbeitsplätzen. In Niedersachsen müßten etwa 60 % der Betriebe schließen."

Barbara Sukowa, Schauspielerin: „Natürlich bin ich für die Abschaltung der Atomkraftwerke. Aber das reicht doch nicht. Man muß vor allem in seinem Bewußtsein was umschalten[2], damit wir von diesem unglaublichen Konsumtrip runterkommen. Man muß sich darauf besinnen, was man wirklich braucht. So vieles ist doch überflüssig. Mein Gott, dann wäscht man sich zum Beispiel eben weniger, läuft etwas dreckiger rum, na und?"

Freimut Duve, Bundestagsabgeordneter, SPD: „Aussteigen aus der Kernenergie mit klarem Zeithorizont und präziser Durchführungsplanung: ja. Sofortiges ungeplantes Abschalten: nein. Wir können nicht zulassen, daß wir Kohlekraftwerke überstürzt wieder einschalten, die den Standards nicht entsprechen. Wir dürfen uns auf keinen Fall in die Lage versetzen, etwa von Frankreich Atomstrom kaufen zu müssen. Das wäre Augenwischerei."[3]

Pierre Borowski, Schüler: „Auf alle Fälle ja, weil die Gefahr offensichtlich doch zu groß ist. Man sollte andere Energien nutzen: Sonnenenergie, Wind- und Wasserenergie."

Brigitte, 1986

1. die Behörden : l'administration
2. umschalten : changer le cours de ses idées
3. die Augenwischerei : aveuglement

Tante Emma wird vergessen

⑥

Die Anzeige in der Zeitung war ungewöhnlich: »Nur sieben Wochen nach Aufgabe ihres Tante-Emma-Ladens verstarb im Alter von 82 Jahren Frau Hedwig Lehmann.« Unterschrift: »Ihre ehemaligen Kunden und Bekannten.« Als Frau Lehmann beerdigt wurde, kamen nur ein junger bärtiger Pastor und vier Kunden an einem sonnigkühlen Morgen auf den Bornheimer Friedhof.[1]

Sie war schon 55 Jahre, als sie das Geschäft eröffnete. Zuvor arbeitete sie als Verkaufsrepräsentantin einer großen Firma. Aber die Aussicht, bald »auf Rente zu gehen«, erschreckte Hedwig Lehmann. Sie hatte Angst vor der Einsamkeit – die Kunden waren von nun an ihre Familie.

Doch in vielen Familien werden die Alten irgendwann vergessen, und Hedwig Lehmann erging es mit ihrer Kunden-Familie nicht anders.

Nein, ins Altersheim wurde sie nicht abgeschoben, doch selbst Stammkunden[2] wechselten verlegen die Straßenseite, wenn sie, vollgepackte Plastiktüten vom Supermarkt unter den Armen, an Frau Lehmanns Lädchen vorbeigehen mußten. Die Supermärkte verkauften billiger und boten frischere Ware an, und so wurden Frau Lehmanns Ladenhüter in den angestaubten Regalen alt und älter, so alt, daß ihr eines Tages ein wütender Kunde ein angeschimmeltes Brot nachwarf.

Die alte Frau weinte bitterlich. Irgendwann, erzählten sich Bornheimer, haben sie Frau Lehmann selbst im Supermarkt verschwinden sehen, um später die billig erstandenen Waren in die eigenen Regale zu stapeln.

Eines Tages war es dann soweit: Der schmuddelig gewordene Laden schloß. Hedwig Lehmann, die immer Angst vor dem Verlust ihrer Selbständigkeit hatte, zog in ein neuerbautes Altenapartment mit sauberen Zimmern, Kachelbad und Aufzug.

Die alte Frau überlebte das keine zwei Monate. Als ihr die vier Kunden auf dem Bornheimer Friedhof das letzte Geleit gaben, war der Laden schon umgebaut. Dort ist jetzt ein modernes Kosmetikgeschäft.

Ein halbes Jahr ist das nun her, und jetzt ist die alte Frau endgültig vergessen, selbst bei den letzten Kunden. Überall auf den Gräbern im Bornheimer Friedhof blühen Astern, Erika und andere Herbstblumen. Das Grab F 16/9 ist ohne Schmuck: Unkraut[3] wuchert durch die kahlen Erdschollen. PETER HÖBEL

Stern, 1985

1. der Friedhof : cimetière
2. der Stammkunde : client régulier
3. das Unkraut : mauvaise herbe

STERN-Gespräch mit Rainer Werner Fassbinder

»Egal was ich mache, die Leute regen sich auf...«

⑦

STERN: Was willst du ihnen mit deinen Filmen sagen?

FASSBINDER: Die Leute wollen zwar keinen Guru haben, der ihnen sagt, was sie mit ihrem Leben anfangen sollen, aber sie fänden es ganz schön, wenn sie mal so einen Leitfaden bekämen, um im Alltag Widerstand zu leisten. So wie ich es mir vorstelle. Ich vertraue dabei auf die Kraft der Phantasie. Es ist nämlich die Phantasie des einzelnen, die es ihm möglich macht, sich auf seine Weise zu wehren.[1]

STERN: „Berlin Alexanderplatz", „Die Ehe der Maria Braun" und dein neuer Film „Lili Marleen" haben alle mit deutscher Vergangenheit und ihrer Bewältigung[2] zu tun. Warum gerade solche Themen?

FASSBINDER: Mein Interesse an solchen Themen ist nicht neu. Unsere Generation, also auch ihr und ich, haben in der Schule und vom Elternhaus viel zuwenig von deutscher Geschichte gehört oder gar gelernt. Da ist es doch ganz selbstverständlich, daß man sich damit beschäftigt. Und ein Filmemacher wie ich macht eben aus solchen für ihn neuen und spannenden Informationen Filme. Ich mache mir dadurch die Gegenwart klarer und sie gleichzeitig dem Zuschauer greifbarer.

STERN: Wenn man deine Filme sieht, bekommt man den Eindruck, Gefühle sind für dich wichtiger als Argumente.

FASSBINDER: Nein, Gefühle sind nur eine Möglichkeit, sich auszudrücken. In „Lili Marleen" zum Beispiel habe ich eine Hauptfigur, die mehr von Gefühlen getrieben wird als von Gedanken. Deswegen habe ich dann auch versucht, den Film auf Gefühle hin zu inszenieren. Aber, was ich von mir und meinen Filmen immer sagen würde: Daß ich auch den sogenannten kleinen Leuten, zu denen ich auch Lili Marleen rechne, große Gefühle zugestehe. Und dazu brauche ich auch die Musik. Mit Musik kann man wahnsinnig viel machen, weil sie so suggestiv wirkt.

Stern, 1982

---

1. sich wehren : se défendre
2. die Bewältigung : le fait de surmonter le passé

⑧

DAS IST UNSER TRAUM!

»Wenn ich mir
überhaupt etwas
erträume, dann,
daß ich mich nie
fügen[1] werde,
daß ich mich nie
vom Staat zu etwas
zwingen lasse.
Und daß ich mir nie
Türchen offenlasse,
um vor unange-
nehmen Situationen
zu flüchten.«

Catherine Berger, 20,
Bern

»Mein Traum ist,
später mal 'n Beruf
zu kriegen – irgend-
was, was mir Spaß
macht und womit ich
auch genug Geld
verdienen kann.«

Thure Timmermann, 16,
Schüler, Hamburg

»Auf einem Trip
in Nepal, da hab'
ich das Wasser
murmeln gehört,
richtig sprechen.
Da hab' ich gedacht,
ich möchte sein
wie das Wasser.«

Andreas Gehrmann, 25,
Maler, Düsseldorf-Mör-
senbroich

»Mein Traum
ist es, niemals inner-
lich alt zu werden.«

Martina Schönemann, 24,
Studentin im Fach
Stadtplanung, Hamburg

»Ich träume von
mehr Geld, als wie
ich jetzt hab',
ein gescheites Auto,
mehr Geld zum
Leben. Daß ich hier
nich irgendwie
so rumhäng'.«

Michael Stenner, 22,
Bäcker, Oberhausen

»Es geht auch
ohne großen Traum.
Ja, find' ich wirklich.
Und wenn ich das
mal nicht mehr
denk', dann geh' ich
zu meiner Anlage
und setz' mir
die Kopfhörer auf.«

Anja Wagner, 20,
arbeitslose Bürogehilfin,
Winsen/Luhe

---

1. sich fügen : se plier, se conformer à un ordre

Stern, 1985

⑨

„Baader, Bier, Sauerkraut"

Spontan-Äußerungen von Franzosen über Deutschland

„Was ist Ihr erster Gedanke, wenn Sie das Wort ‚Deutschland' hören?", so lautete eine Frage der SPIEGEL-Untersuchung[1] in Frankreich. 2000 Männer und Frauen, repräsentativ für die Franzosen ab 15 Jahren, sollten spontan antworten und erhielten keine Vorgaben. Die Interviewer des Instituts BVA notierten Stichworte oder Sätze so genau wie möglich. Im folgenden eine Auswahl.

Ein Land, in dem viel gearbeitet wird. Und es wird nicht viel gestreikt.

Die Qualität ihrer Produkte. Was sie machen, ist solide.

Bayern. Die Schlösser. Der Schwarzwald. Der Rhein. Die Musik.

Ordentliche Leute, mit denen man rechnen kann.

Krieg, Widerstand[2], das Knallen der Stiefel.

Ich war während des Krieges im KZ. Sie können sich deshalb meine Gefühle vorstellen. Aber Haß empfinde ich nicht.

Im wirtschaftlichen Bereich sind die Deutschen sehr korrekt und sehr sympathisch. Meine Kinder sind in Deutschland, sie sind sehr gut empfangen worden.

Wagner. Expressionistische Malerei. Das Theater um Brecht. Der Mord an Rosa Luxemburg.

Man kann nicht immer mit dem Gedanken leben, daß sie „Boches" sind.

Ein großes Land mit viel Wissenschaft.

Man muß sehen, daß sie im tiefsten Herzen Frankreich und die Franzosen mögen.

Ich habe sie niemals ausstehen können wegen ihrer Mentalität. Vielleicht gibt es auch Gute unter ihnen.

Die Nazis. Die Resistance.

Wirtschaftliche Macht.

Ich sehe da nichts Ungewöhnliches.

Die Mauer. Es ist schade, daß Deutschland geteilt ist. Ich möchte die Wiedervereinigung.[3]

Große Männer, dicke Frauen.

Ein schönes Land, sympathische Leute. Das Leben scheint leichter zu sein in Deutschland.

Sind immer unsere Feinde gewesen. Auge in Auge mit denen ist man nicht sehr enthusiastisch. Für mich bleiben sie der Feind.

Ein sehr mit uns verbundenes Land.

Der Spiegel, 1975

---

1. die Untersuchung : enquête
2. der Widerstand : résistance
3. die Wiedervereinigung : réunification

⑩

„Wir können nicht mal sagen, was wir fühlen"

SPIEGEL-Report über die Integration ausländischer Schüler am Beispiel Hamburgs

Über den ersten Stufen des Eingangsportals prangt der Willkommensgruß „Günaydin" – Guten Morgen. Die Kritzeleien[1] an den Wänden der Klassenzimmer weisen nicht auf Abba oder AC/DC hin; angepinnt sind Atatürk oder Hacivat und Karagöz. Im Zimmer des Schulleiters hängt nicht der Stadtplan von Hamburg, Landkarten der Türkei überdecken den Putz.

Ist die „Türkenschule", wie sie schon genannt wird, eine „Gettoschule", die ausländische Kinder isoliert statt integriert, oder ist sie „ein bißchen was wie Heimat", wie die Lehrerin Konstanze Krebs sagt, wo die ausländischen Kinder behutsam auf eine ihnen fremde Umwelt vorbereitet werden?

Unter den Schülern der Gesamtschule Altona sind einige hundert Ausländer, vorwiegend Türken. In der Klassenstufe sechs liegt ihr Anteil bei 40 Prozent, im fünften Jahrgang bei 46 Prozent. Im Unterricht sitzen Deutsche und Türken so selbstverständlich nebeneinander, als sei es nie anders gewesen. Die deutschen Schüler lernen türkische Lieder, in einem Neigungskurs spielen Deutsche Saz, ein türkisches Saiteninstrument.

Ist die Gesamtschule ein Beispiel für erfolgreiche Integrationspolitik, die es Deutschen und Ausländern ermöglicht, gemeinsam zu lernen und miteinander zu leben, oder ist sie ein Beispiel für die Überfremdung[2] deutscher Schulen, in denen deutsche Kinder kaum noch zu ihrem Recht kommen und ausländische Mitschüler überfordert werden?

Ausländer, sagt auch der türkische Lehrer Kemal Durucan, „müssen in deutscher Schule mit deutschen Kindern zusammensein. Wenn sie in der Schule nur türkisch sprechen und zu Hause auch noch, kann man das nicht Integration nennen".

In Hamburg, einem der begehrtesten Einwanderungsorte, ist die Zahl ausländischer Kinder seit 1972 um das Zehnfache, auf 30 000 gestiegen. Jedes fünfte Neugeborene hat inzwischen Eltern vom Bosporus oder vom Peloponnes.

Der Spiegel, 1985

1. die Kritzelei : griffonnage
2. die Überfremdung : fait d'être envahi par les étrangers

7.2 — Andere Texte

7.2.1. Anleitungen

Es kann sich um Auszüge aus Romanen, Kurzgeschichten, Theaterstücken, Drehbüchern, Gedichten, Briefen, Tagebüchern, wissenschaftlichen Abhandlungen oder soziologischen Untersuchungen handeln und verschiedene Formen annehmen : Fragebögen, Quizspiele, Formulare, Flugblätter, Vorträge, Interviews, usw.

1. In solchen Texten mag der Schriftsteller sich persönlich stark einbringen. Er kann abwegiger oder wirkungsvoller auftreten, den Leser überzeugen, ihm schmeicheln oder gefallen. Dabei ist es wesentlich, Verfasser, Erzähler und Romanheld nicht miteinander zu vewechseln.
2. Überprüfen Sie gründlich die auftretenden Personen und wie sie zueinander in Beziehung stehen !
3. Beim Herausfinden des geographischen, soziologischen oder politischen Zusammenhangs können Schwierigkeiten auftreten. Solche Informationen lassen sich größtenteils von dem Datum, dem Schreibstil oder der Sprache der betroffenen Personen ableiten.
4. Versuchen Sie abzuschätzen, bei was für einer Leserschaft solche Texte ankommen und auf wen sie abzielen !
5. Der kurze Text wurde aus seinem Zusammenhang herausgenommen : die darin eingenommene Stellungnahme entspricht daher nicht unbedingt derjenigen des Gesamtwerks. Fassen Sie keine voreiligen Entschlüsse !
6. Beurteilen Sie, was für eine Wirkung der Schriftsteller bei dem Leser erreichen will ! Welchen Eindruck haben Sie ? Welche Gefühle werden dabei angesprochen ?

7.2.2. Texte

⑪

BRIEF VON MOZART AN SEINEN VATER

Wien, den 22. Januar 1782

Liebster, bester Vater ! — Wenn ich von unserm lieben Gott schriftlich haben könnte, daß ich gesund bleibe, und nicht krank sein werde — o so wollt ich mein liebes, treues Mädchen noch heute heiraten ! — Ich habe nun 3 Scolarinnen, da komm ich das Monat auf 18 Dukaten. Denn ich mache es nicht mehr mit 12 Lektionen, sondern monatlich. Ich habe mit Schaden erfahren, daß sie oft ganze Wochen ausgesetzt. Nun aber mögen sie lernen oder nicht, so muß mir jede 6 Dukaten geben. — Auf diese Art will ich noch mehrere bekommen, doch brauche ich nur noch eine : mit vieren habe ich genug, das macht 24 Dukaten, das sind : 102 Gulden und 24 Kr. — Mit diesem kann man hier mit einer Frau (still und ruhig, wie wir zu leben wünschen) schon auskommen. — Allein wenn ich krank werde, so haben wir keinen Kreuzer einzunehmem. — Ich kann freilich das Jahr wenigstens eine Oper schreiben. Ich kann alle Jahr eine Akademie[1] geben. Ich kann Sachen stechen lassen — Sachen mit Subskription herausgeben — es gibt auch andere bezahlte Akademien. Besonders wenn man lange in einem Orte ist und schon Kredit hat. — Solche Sachen wünschte ich mir aber nur als Akzidentien und nicht als Notwendigkeiten zu betrachten. — Doch — wenn es nicht geht, so muß es brechen — und ich wage es eher auf diese Art, als daß ich lange warten sollte. — Mit mir kann es nicht schlechter, sondern es muß immer besser gehen. Warum ich aber nicht mehr lange warten kann ist nicht allein meinetwegen, sondern hauptsächlich ihretwegen. — Ich muß sie sobald möglich erretten. — Davon werde ich Ihnen im nächsten Briefe schreiben...

1. Akademie : Unterricht an der Musik-Hochschule

⑫

Das Kapital.

Kritik der politischen Oekonomie.

Von

Karl Marx.

Erster Band.

Buch I: Der Produktionsprocess des Kapitals.

Das Recht der Uebersetzung wird vorbehalten.

Hamburg

Verlag von Otto Meissner.

1867.

New-York: L. W. Schmidt. 24 Barclay-Street.

Das Kapital : Titelblatt der Erstausgabe von 1867

⑬ Das Album der Charakterbilder

Im 19. Jahrhundert war ein Album in vielen Familien verbreitet. Es hieß „Erkenne Dich Selbst" und enthielt lauter Fragebögen, auf denen Freunde und Verwandte Auskünfte über ihre Vorlieben und ihren Charakter geben sollten. Das Album gibt es jetzt wieder in einem originalgetreuen Nachdruck. Hier stellen wir es Ihnen vor.

Eleonore von Nostitz

Deine Lieblingseigenschaften am Manne? *klug und gut*
Deine Lieblingseigenschaften am Weibe? *liebevoll und zufrieden*
Deine Lieblingsbeschäftigung? *lesen, Schlittschuh laufen, malen*
Deine Idee von Glück? *geliebt zu werden*
Welcher Beruf scheint Dir der beste? *der einer Hausfrau*
Wer möchtest Du wohl sein, wenn nicht Du? *ein Engel*
Wo möchtest Du leben? *im Winter in Berlin, im Sommer im Harz*
Wann möchtest Du gelebt haben? *nie, wenn nicht jetzt*
Deine Idee von Unglück? *unverheiratet zu bleiben*
Dein Hauptcharakterzug? *philosophisch*
Deine Lieblingsschriftsteller? *Schiller – Goethe*
Deine Lieblingsmaler und -Bildhauer? *Raphael – Thorwaldsen*
Deine Lieblingskomponisten? *Beethoven – Cornelius – Schubert*
Deine Lieblingsfarbe und -Blume? *schwarz – Flieder*
Lieblingshelden in der Geschichte? *Bismarck*
Lieblingsheldinnen in der Geschichte? *Königin Luise*
Lieblingscharaktere in der Poesie? *Don Quichote*
Deine Lieblingsnamen? *Elisabeth, Adelheid, Hellmuth*
Welche geschichtlichen Charaktere kannst Du nicht leiden? *Napoleon*
Welche Fehler würdest Du am ersten entschuldigen? *Heftigkeit*
Deine unüberwindliche Abneigung? *Schmeichler und Heuchler*
Wovor fürchtest Du Dich? *vor Gewitter*
Lieblingsspeise und -Trank? *Austern und Hummer, recht guter Kaffee*
Dein Temperament?
Himmelhoch jauchzend, zum Tode betrübt!

Am 10. 6. 1888 hat Eleonore von Nostitz, Hausfrau und Mutter von vier Kindern, diese Albumseite ausgefüllt. Außer ihr haben sich zwischen 1877 und 1894 fast vierzig Familienangehörige und Freunde des Hauses in dem Buch verewigt.

Brigitte, 1977

(14)

BRIEF VON FRANZ KAFKA AN SEINE SCHWESTER, ELLI HERMANN

Herbst 1921

Der Eigennutz[1] der Eltern — das eigentliche Elterngefühl — kennt ja keine Grenzen. Noch die größte Liebe der Eltern ist im Erziehungssinn eigennütziger als die kleinste Liebe des bezahlten Erziehers. Es ist nicht anders möglich. Die Eltern stehn ja ihren Kindern nicht frei gegenüber, wie sonst ein Erwachsener dem Kind gegenübersteht, es ist doch das eigene Blut — noch eine schwere Komplikation : das Blut beider Elternteile. Wenn der Vater (bei der Mutter ist es entsprechend) »erzieht«, findet er z.B. in dem Kind Dinge, die er schon in sich gehaßt hat und nicht überwinden konnte und die er jetzt bestimmt zu überwinden hofft, denn das schwache Kind scheint ja mehr in seiner Macht als er selbst, und so greift er blindwütend, ohne die Entwicklung abzuwarten, in den werdenden Menschen, oder er erkennt z.B. mit Schrecken, daß etwas, was er als eigene Auszeichnung[2] ansieht und was daher (daher !) in der Familie (in der Familie !) nicht fehlen darf, in dem Kinde fehlt, und so fängt er an, es ihm einzuhämmern[3], was ihm auch gelingt, aber gleichzeitig mißlingt, denn er zerhämmert dabei das Kind... er sieht in dem Kind nur das Geliebte, er hängt sich an das Geliebte, er erniedrigt[4] sich zu seinem Sklaven, er verzehrt es aus Liebe.

Das sind, aus Eigennutz geboren, die zwei Erziehungsmittel der Eltern : Tyrannei und Sklaverei in allen Abstufungen, wobei sich die Tyrannei sehr zart äußern kann (»Du mußt mir glauben, denn ich bin deine Mutter !«) und die Sklaverei sehr stolz (»Du bist mein Sohn, deshalb werde ich dich zu meinem Retter machen«), aber es sind zwei schreckliche Erziehungsmittel, zwei Antierziehungsmittel, geeignet, das Kind in den Boden, aus dem es kam, zurückzustampfen.

---

1. der Eigennutz : égoïsme
2. die Auszeichnung : distinction
3. ein/hämmern : faire entrer de force dans la tête
4. erniedrigen : rabaisser, humilier

BRIEF AN MICH SELBER

Berlin, den 19. Januar 1940
in einem Café am Kurfürstendamm

Mein lieber Kästner !

Früher schriebst Du Bücher, damit andere Menschen, Kinder und auch solche Leute, die nicht mehr wachsen, läsen, was Du gut oder schlecht, schön oder abscheulich, zum Lachen oder Weinen fandest. Du glaubtest, Dich nützlich zu machen. Es war ein Irrtum, über den Du heute, ohne daß uns das Herz wehtut, nachsichtig lächelst.

Deine Hoffnungen waren das Lehrgeld, das noch jeder hat zahlen müssen, der vermeinte, die Menschen sehnten sich vorwärts, um weiterzukommen. In Wirklichkeit wollen sie nur nicht stillstehen, weil sie Angst vor der Stille haben, nicht etwa vorm Stillstand ! Ihr Weg ist der Kreis, und ihr Ziel, seine Peripherie immer schneller und möglichst oft zurückzulegen. Die Söhne überrunden die Väter. Das Ziel des Ringelspiels ist der Rekord. Und wer den gehetzt blickenden Karussellfahrern mitleidig zuruft, ihre Reise im Kreise sei ohne Sinn, der gilt ihnen mit Recht als Spielverderber. [1]

Nun Du weißt, daß Du im Irrtum warst, als Du bessern wolltest. Du glichst einem Manne, der die Fische im Fluß überreden möchte, doch endlich ans Ufer zu kommen, laufen zu lernen und sich den Vorzügen des Landlebens hinzugeben, und der sie, was noch ärger ist, für tückisch und töricht hält, wenn sie seine Beschwörungen und schließlich seine Verwünschungen mißachten und, weil sie nun einmal Fische sind, im Wasser bleiben.

Wie unsinnig es wäre, Löwen, Leoparden und Adlern die Pflanzenkost predigen zu wollen, begreift das kleinste Kind. Aber an den Wahn, aus den Menschen, wie sie sind und immer waren, eine andere, höhere Gattung von Lebewesen entwickeln zu können, hängen die Weisen und die Heiligen ihr einfältiges [2] Herz.

Erich Kästner, *Gesammelte Schriften*, 1961.

1. der Spielverderber : rabat-joie
2. einfältig : naïf

ÜBER DAS SCHREIBEN

Ich schreibe sehr gern und es macht mir Freude, etwas zu formen, das Thema, der Inhalt, die jeweilige Mitteilung ergibt sich aus der Natur meiner, sagen wir der Erlebnisse meiner Generation, die sind geschenkt, der Inhalt ist immer geschenkt, was nicht bedeutet, daß er überflüssig ist — ein Geschenk ist ja eine schöne Sache. Aber der Leser muß sich dieses Geschenk erobern — ich drücke mich etwas pathetisch aus —, indem er sich zwingt, indem er gezwungen wird, die Form zu durchschauen oder sie anzunehmen, die Zumutung[1] der Form und des Inhalts. Zunächst ist Schreiben einfach der Wunsch, etwas zu machen.

Ein Erzähler, ein Romanautor, ist in einem gewissen Grade ein Verführer. Er muß den Leser verführen. Und auch im Sinne : er will seinen Stoff[2] möglichst gut verteilt oder versteckt an den Mann bringen oder an die Frau. Das ist meine Vorstellung. Also, in dem Sinne ist ein Roman, auch eine größere Erzählung, für mich ein Versteck. Ich hoffe, daß der Leser das Versteckte findet. Mehr nicht.

Heinrich Böll,
Interview von Klaus Harpprecht für ZDF, 6. 7. 1967, Ms. S. 8 f
Interview von Anthony Stubbs, 1968.

1. die Zumutung : exigence
2. der Stoff : matériel

⑰

KINDERWUNSCH

»Angenommen«, sagt er, »wir kriegen das Kind. Und angenommen, es kommt gesund auf die Welt. Und angenommen, es wächst sogar ohne die üblichen Frühschäden[1] auf. Und angenommen, wir kümmern uns wirklich, soweit wir uns beruflich freistellen können, um unser Wunschkind : es geht trotzdem schief. Ich sage dir, die Umwelt, unser Schulsystem, der Fernsehzwang, alles, überhaupt alles wird unser Kind verbiegen, wird es normen. Wie wir inzwischen verbogen, genormt sind. Und dann die neuen Technologien ! Stell dir vor, unser Kind wird an Schulkomputer angeschlossen. Nicht alleine natürlich, die ganze Klasse, alle Schulpflichtigen werden, na, sagen wir, ab Ende der achtziger Jahre nicht mehr altmodisch, durch viel zu teure und nur schwer zu kontrollierende Humanlehrkräfte, sondern durch staatlich programmierte Lehrkomputer unterrichtet : direkt in die Hirnzellen der lieben Kleinen : Tickeditack ! Schluß mit dem blöden Büffeln. Kleines und großes Einmaleins ? Sitzt in einer halben Stunde. Tickeditack ! Die englischen unregelmäßigen Verben ? Ein Zehnminutenprogramm. Tickeditack ! Vokabelhefte führen ? Daß ich nicht lache. Alles besorgen die handlichen Kinderschlafzimmerkomputer. Im Schlaf lernen, das ist die Zukunft ! Und die Kleinen, mit ihren Daten, Zahlen, Formeln, Verben speichernden[2] Hirnen werden alles und nichts wissen. Und wir, Mutter Dörte, Vater Harm, werden blöd dastehen, mit nichts als überflüssigen Erinnerungen, Halbkenntnissen und moralischen Bedenken im Kopf. Und solch ein Kind, frag ich dich, willst du verantworten ?«.[3]

Günter Grass, *Kopfgeburten*, 1980

1. der Frühschaden : handicap précoce
2. speichern : stocker
3. verantworten : assumer la responsabilité

(18)

KAFFEE VERKEHRT

Als neulich unsere Frauenbrigade im Espresso am Alex Kapuziner trank, betrat ein Mann das Etablissement, der meinen Augen wohltat. Ich pfiff also eine Tonleiter rauf und runter[1] und sah mir den Herrn an, also auch rauf und runter. Als er an unserem Tisch vorbeiging, sagte ich : »Donnerwetter !« Dann unterhielt sich unsere Brigade über seine Füße, denen Socken fehlten, den Taillenumfang schätzten wir auf siebzig. Alter auf zweiunddreissig, das Exquisit-Hemd zeichnet die Schulterblätter ab, was auf Hagerkeit schließen ließ, schmale Schädelform mit rausragenden Ohren[2], stumpfes Haar, das irgendein hinterwäldlerischer Friseur im Nacken rasiert hatte, wodurch die Perücke nicht bis zum Hemdkragen reichte, was meine Spezialität ist, wegen schlechter Haltung der schönen Schultern riet ich zum Rudersport, da der Herr in der Ecke des Lokals Platz genommen hatte, mußten wir sehr laut sprechen.

Ich ließ ihm und mir einen doppelten Wodka servieren und prostete ihm zu[3], als er der Bedienung ein Versehen anlasten wollte. Später ging ich zu seinem Tisch, entschuldigte mich, sagte, daß wir uns von irgendwoher kennen müßten, und besetzte den nächsten Stuhl. Ich nötigte dem Herrn die Getränkekarte auf und fragte nach seinen Wünschen. Da er keine hatte, drückte ich meine Knie gegen seine, bestellte drei Lagen Sliwowitz und drohte mit Vergeltung für den Beleidigungsfall, der einträte, wenn er nicht tränke.

Obgleich der Herr weder dankbar noch kurzweilig war, sondern wortlos, bezahlte ich alles und begleitete ihn aus dem Lokal. In der Tür ließ ich meine Hand wie zufällig über seine Hinterbacke gleiten, um zu prüfen, ob die Gewebestruktur in Ordnung war. Da ich keine Mängel feststellen konnte, fragte ich den Herrn, ob er heute abend etwas vorhätte, und lud ihn ein ins Kino International. Eine innere Anstrengung, die zunehmend sein hübsches Gesicht zeichnete, verzerrte es grimassenhaft, konnte die Verblüffung aber doch endlich lösen und die Zunge, also daß der Herr sprach : »Hören Sie mal, Sie haben ja unerhörte Umgangsformen«.[4] — »Gewöhnliche«, entgegnete ich. »Sie sind nur nichts Gutes gewöhnt, weil Sie keine Dame sind«.

Irmtraud Morgner, *Kaffee verkehrt*, 1976

---

1. eine Tonleiter rauf- und runterpfeifen : monter et descendre la gamme en sifflant
2. rausragende Ohren : les oreilles décollées
3. zu/prosten : inviter qn. à lever son verre
4. unerhörte Umgangsformen : de drôles de manières

SUJETS D'EXAMEN

1. Sujet national, septembre 1986 (L.V. 1)

Am 16. Oktober 1945, zwei Monate nach Hiroshima und Nagasaki, nahm Robert Oppenheimer seinen Abschied als Direktor von Los Alamos[1]. Er wollte wieder Physik an der Universität lehren.

Es sollte ein festlicher Abschied werden. Eine Tribüne war aufgebaut, und alle Mitarbeiter, die einst mit ihm in die ersten Baracken eingezogen waren, waren mit ihren Familien erschienen. Alle hatten eine Silbermedaille erhalten, auf der ein großes »A« und drum herum das Wort »bomb« eingraviert war. General Groves hielt eine Dankesrede und überreichte Oppenheimer eine Anerkennungsurkunde[2] des Kriegsministers.

Dann sprach Oppenheimer. Der Mann, der die Bombe zur Aufgabe und zum Triumph seines Lebens gemacht hatte. Er war jetzt weltberühmt, ein Guru der Wissenschaft, ein »Erschütterer« der Welten.

Aber Oppenheimer wußte, daß es anders was. Daß sie hier in Los Alamos etwas heraufbeschworen[3] hatten, was nicht mehr zu bändigen[4] war. Sie alle waren nun in der Gewalt der Bombe, die sie gebaut hatten. Eine Ahnung von schrecklicher Ohnmacht[5] und Vergeblichkeit[6] lag in seinen Worten, als er ans Mikrofon trat :

»Unser Stolz ist durch tiefe Sorge gedämpft. Wenn die Atombomben den Arsenalen einer kriegerischen Welt hinzugefügt werden, dann wird die Zeit kommen, in der die Menschheit die Namen von Los Alamos und Hiroshima verfluchen[7] wird. Die Völker dieser Welt müssen sich vereinigen, oder sie werden untergehen. Diese Worte hat der Krieg geschrieben, der die Erde verwüstet hat, und die Atombombe hat sie für alle begreiflich gemacht.«

Eine Utopie wurde plötzlich zur letzten Hoffnung der Bombenbauer. Sie hatten ihr ganzes Genie und die besten Jahre ihres Lebens darauf verwendet, die Waffe der Selbstzerstörung zu konstruieren. Und jetzt, da sie Realität war und die Staaten über größere Machtmittel verfügten als je zuvor, flohen sie in die Illusion — als letzte Fluchtburg vor der eigenen Verantwortung. Sie wollten nicht wahrhaben, daß die Waffe, die die Weltherrschaft versprach, das größte Hindernis auf dem Weg zur Befriedung der Welt war.

Aus der Zeitschrift »STERN«

---

1 **Los Alamos :** das ist der Ort, wo Robert Oppenheimer und seine Mitarbeiter an der Erfindung der Atombombe arbeiteten.
2 **die Urkunde :** das Dokument.
3 **heraufbeschwören :** susciter, déclencher.
4 **bändigen :** Herr werden über etwas.
5 **die Ohnmacht :** die Machtlosigkeit.
6 **die Vergeblichkeit :** vgl. vergeblich = en vain.
7 **verfluchen :** maudire.

A — COMPRÉHENSION DE L'ESPRIT

I — Parmi les trois propositions ci-dessous, cochez chaque fois celle qui constitue, avec le segment souligné, une phrase cohérente et conforme au sens du texte. Citez ensuite les éléments du texte qui justifient votre réponse.

1. Nachdem er die Atombombe erfunden hatte,

☐ — hatte Oppenheimer die Absicht, nach diesem ersten großen Erfolg noch weitere Forschungen zu betreiben.

☐ — wollte er sein Physikstudium an der Universität fortsetzen.

☐ — wollte er seine Lehrtätigkeit als Professor an der Universität wieder aufnehmen.

2. Nachdem er die Atombombe erfunden hatte,

☐ — blieb seine Freude darüber ungetrübt.

☐ — empfand er bei aller Freude über den Erfolg zugleich auch tiefe Besorgnis.

☐ — schämte er sich seiner Erfindung.

3. Nachdem die USA dank der Atombombe den Krieg gegen Japan gewonnen hatten,

☐ — hat die amerikanische Regierung Oppenheimer und seinen Mitarbeitern offiziell ihren Dank ausgesprochen und die Verdienste der Wissenschaftler belohnt.

☐ — verbrachten Oppenheimer und seine Mitarbeiter den letzten Abend unter sich.

☐ — hatten sie nach den vielen Monaten der Anstrengung keine Lust zum Feiern und blieben zu Hause.

II. — Répondez à chaque affirmation par *richtig* ou *falsch* en cochant la case correspondante et citez les éléments du texte qui justifient votre choix.

Richtig	Falsch	
☐	☐	1. Oppenheimer wurde nach der Erfindung der Atombombe als einer der größten Wissenschaftler der Welt anerkannt.

2. Für Oppenheimer bedeutete die Erfindung der Atombombe den Höhepunkt seiner wissenschaftlichen Karriere.
3. Oppenheimer war sich dessen nicht bewußt, daß man in Los Alamos eine Entwicklung in Gang gesetzt hatte, die man eines Tages nicht mehr meistern würde.
4. Oppenheimer war davon überzeugt, daß die Menschen ihm für seine Erfindung ewig dankbar sein würden.
5. Oppenheimer hoffte, daß die Angst vor den verheerenden Folgen dieser Waffe die Menschen dieser Erde zu einer friedlichen Koexistenz führen würde.

III — Même exercice que II

Richtig **Falsch**

1. Der Journalist meint,
   daß Oppenheimer und seine Kollegen all die Jahre hindurch nicht geahnt hatten, daß ihre Erfindung so katastrophale Folgen mit sich bringen würde.
2. Der Journalist meint,
   daß die Wissenschaftler die Verantwortung dafür nicht auf sich nehmen wollten und sich in die Utopie einer friedlichen Welt flüchteten.
3. Der Journalist meint,
   daß diese Waffe den Frieden der Welt nicht in Gefahr brachte.

IV — Relevez dans le texte tous les termes ayant un rapport avec la guerre.

B — EXPRESSION PERSONNELLE

I — Production semi-guidée

Ci-dessous est amorcé un dialogue entre un père et son fils sur le problème de l'armement et de la paix. Imaginez la suite de l'entretien. Vous pouvez pour cela vous inspirer des expressions suivantes :

der Pazifist (-en)	jemanden bedrohen
die Aufrüstung — die Abrüstung	sich für etwas engagieren

die Kernwaffe, die Atomwaffe	angreifen — angegriffen werden
der Krieg — der Frieden	zerstören — zerstört werden
feindlich	sich verteidigen
die Verantwortung	friedlich zusammenleben
ein Risiko eingehen	überleben
die Rakete (-en)	fordern — die Forderung

Vater : Schon wieder eine Friedensdemonstration ! Und du warst natürlich dabei ! Was ihr denn eigentlich ?

Sohn : ... .

II — Production libre

Sind Oppenheimer und seine Mitarbeiter schuld an der Katastrophe von Hiroshima ? Nehmen Sie zu dieser Frage Stellung und behandeln Sie dann das Problem von der Verantwortung der Wissenschaftler im allgemeinen.

C — COMPÉTENCE LINGUISTIQUE

I — Complétez le texte suivant à l'aide des termes indiqués ci-dessous :

Also — deshalb — nämlich — denn — vor — wegen — da.

Die Wissenschaftler arbeiteten an der Erfindung einer neuen Waffe, die ihrem Land zum Sieg verhelfen sollte. ... die feindlichen Streitkräfte immer mächtiger zu werden drohten, mußte so schnell wie möglich eine Lösung gefunden werden. ... arbeiteten mehrere Wissenschaftler unter Oppenheimers Führung. ... der Gefahr der Radioaktivität wurden die Atomtests in sehr abgelegenen Gegenden durchgeführt. Die Regierung fürchtete ... die Folgen solcher Experimente. ... es war durchaus nicht sicher, daß man eine Verseuchung der Luft verhindern könnte. Als Japan nach der Vernichtung von Hiroshima und Nagasaki die bedingungslose Kapitulation unterschreiben mußte, jubelten die Leute... Freude. Die Atombombe hatte Amerika... zum Sieg verholfen.

II — Traduisez les phrases suivantes qui contiennent toutes le terme »als« :

1. Am Abend des 16. Oktober 1945 nahm Robert Oppenheimer seinen Abschied als Direktor von Los Alamos.
2. Die Staaten verfügten über größere Machtmittel als je zuvor.
3. Num flohen sie in die Illusion — als letzte Fluchtburg vor der eigenen Verantwortung.

III — Complétez les phrases suivantes soit par *wenn* soit par *wann* :

Weißt du,... die Amerikaner Hiroshima bombardiert haben ?... der Nebel dicht ist, müssen wir wieder zurückfliegen, meinte der Pilot. Er fragte sich,... die Stadt endlich in Sicht kommen würde. ... werden die Menschen endlich verstehen, das diese Waffen die Welt total zerstören können ?... wir uns dieser Gefahr bewußt sind, warum tun wir dann nichts dagegen ?... die Antwort auf diese Frage so leicht wäre, wäre das Problem wohl längst gelöst.

IV — Complétez :

Die Maschine,... die Atombombe abwerfen..., näherte sich Hiroshima. Tief-unten... die Stadt,... ... niemand ahnte,... dies... Tag, der so friedlich begonnen hatte, für die Menschheit zum Inbegriff des Schreckens werden sollte. Die Bombe hatte die Stadt in ein Flammenmeer verwandelt,... niemand entkommen konnte. In gewisser Hinsicht kann man die Erfinder der Atombombe... Goethes »Zauberlehrling« vergleichen, da auch sie eine Formel gefunden haben,... die sie bald nicht mehr Herr waren. Und obwohl wir heute vor der Frage stehen,... diese neue Waffe die Welt nicht eines Tages zugrunderichten..., versuchen immer mehr Staaten in den Besitz ebendieser Waffe... gelangen.

2. Sujet national, septembre 1986 (L.V. 2)

Am besten stelle ich mich erst einmal vor. Ich bin neunzehn Jahre alt, Abiturientin und arbeitslos. Mir macht Jungsein Spaß. Mir ist voll bewußt, daß ich jetzt und in den nächsten Jahren am meisten Kraft besitze, daß ich in der Jugend am schönsten bin, daß die Jugend die unbeschwerteste[1] Zeit ist, daß ich noch unabhängig und frei bin. Das sind für mich Gründe, warum ich froh bin und warum ich versuche, diese Zeit total zu genießen und auszukosten[2]. Ich nutze sie, indem ich tue, was mir gefällt, soweit dabei keiner zu Schaden kommt.

Ich muß sagen, es gefällt mir wahnsinnig gut. Noch nie habe ich soviel Zeit für mich gehabt, noch nie war ich so sorglos : Keine Angst vor Prüfungen, kein Streß, kein Leistungsdruck, kein Punktesammeln, sondern Zeit, um die innere Ruhe zu finden. um über alle möglichen Fragen nachzudenken, um mir klar darüber zu werden, was ich möchte, was ich anstreben[3] möchte, um Zeit für andere zu haben, der Mutter zu helfen...

Langeweile kenne ich nicht, ich hab noch so viel vor, daß ich mühelos sechzehn Stunden am Tag ausfüllen kann. Bei diesem tollen Wetter gehe ich oft in den Wald oder fahre mit dem Fahrrad durch die Landschaft. Ich spüre dann, welche Kraft von der Natur ausgeht, spüre, daß der Mensch auch nur Natur ist, vergesse die ganze Technik, denke nicht an Atomkraftwerke oder sonst was.

Wenn ich ein verlockendes[4] Angebot bekomme, z.B. eine Reise zu machen, dann greife ich ohne lange zu fragen zu und fahre.

Wenn ich Lust habe, ohne Schuhe durch den Regen zu laufen, tue ich das, denn keiner kann mich davon zurückhalten, keiner muß sich deshalb meinetwegen schämen. Ich muß dazu sagen, daß ich in einer kleinen Stadt wohne, wo fast jeder, den anderen kennt, und sei es nur vom Sehen.

Christine Simon, 19 Jahre
aus : »Jugend vom Umtausch ausgeschlossen
Eine Generation stellt sich vor« (RORORO)

---

(1) **unbeschwert :** sorglos.
(2) **auskosten :** savourer.
(3) **anstreben :** tendre, aspirer à.
(4) **verlocken :** attirer, séduire.

A — COMPRÉHENSION DE L'ÉCRIT

I — Cochez la case convenable et justifiez votre choix en citant des éléments du texte.

Richtig	Falsch	
☐	☐	1. Christine sieht die positiven Seiten der Jugend nicht ein.
☐	☐	2. Sie ist im Abitur durchgefallen.
☐	☐	3. Christine führt ein sorgenfreies Leben.
☐	☐	4. Sie fühlt sich stark.
☐	☐	5. Sie beschäftigt sich mit den anderen.
☐	☐	6. In der Schule war alles wunderbar.
☐	☐	7. Langeweile ist ihr unbekannt.
☐	☐	8. Sie macht viele Pläne.
☐	☐	9. Wenn sie spazierenfährt, will sie nicht an die Technik denken.
☐	☐	10. Sie wird es sich lange überlegen, bevor sie zu einer Reise jasagt.

II — Barrez le titre qui ne convient pas à l'ensemble du texte.

- Was soll aus mir werden ?
- Noch nie war ich so sorglos.
- Arbeitslos und dennoch glücklich.
- Jungsein heißt frei sein.

III — Welche Wörter zeigen,

1. daß Christine das Leben genießt.
2. daß ihr Leben sich verändert hat, seit sie die Schule verlassen hat.
3. daß sie die Natur liebt.

IV — Remplacez les expressions suivantes par des expressions équivalentes empruntées au texte.

1. *Es macht mir Freude,* jung zu sein.
2. Ich *sehe ein,* daß ich jetzt am meisten Kraft besitze.
3. Ich *bemühe mich,* die Zeit zu genießen.
4. Ich, tue, was mir gefällt, *wenn ich weiß, daß es für die anderen nicht schlecht ist.*
5. Sie will der Mutter *zu Hilfe kommen.*
6. *Bei dem wunderbaren Wetter* bleibt sie nicht zu Hause.
7. *Ich fühle,* daß der Mensch auch nur Natur ist.
8. *Keiner kann mich daran hindern,* barfuß zu laufen, wenn ich Lust habe.

B — EXPRESSION PERSONNELLE

I — Expression semi-guidée

Christine erzählt von ihrer Schulzeit (Vous pourrez vous inspirer d'un passage du texte).

II — Expression libre

Wie stellen Sie sich die Zeit nach dem Abitur vor ?

C — COMPÉTENCE LINGUISTIQUE

I — Mettre au parfait (passé composé) le passage suivant :

Langeweile kenne ich nicht → durch die Landschaft

II — Transformer les phrases suivantes de façon à avoir une proposition infinitive introduite par um, ohne ou anstatt.

1. Sie läßt sich Zeit, sie denkt über alle möglichen Fragen nach.
2. Sie macht sich keine Sorgen, sie genießt ihre Jugend.

3. Sie bleibt nicht zu Hause sitzen, sie fährt durch das Land.
4. Sie tut, was ihr gefällt, sie fragt nicht nach der Meinung der anderen.

III — Mettre les adjectifs ou adverbes entre parenthèses, au comparatif ou au superlatif, selon les cas.

1. In der Jugend hat man es (schön)... denn man ist zu dieser Zeit (kräftig)... . Wir fühlen uns (gut)... als wenn wir älter werden.
2. Für die (viel)... Menschen ist die Jugend die Zeit, wo man für alles offen ist; es ist die (sorglos)... Zeit. Nachher hat man (wenig)... Zeit, um sich Fragen über das Leben zu stellen.

IV — Transformer la phrase suivante d'après le modèle.

1. Wenn ich in der Schule wäre, hätte ich keine Zeit, spazieren zu fahren.
2. Wenn ich in der Schule gewesen wäre, hätte ich keine Zeit gehabt, spazieren zu fahren.

3. Paris, juin 1986 (L.V. 1)

(Vor einiger Zeit ist es zwischen dem Schauspieler Hendrik Höfgen und seinem Kollegen Miklas zu einem heftigen Auftritt[1] gekommen, weil Höfgen die Schauspielerin Lotte Lindenthal beschimpft hatte. Durch Höfgens Schuld wurde Miklas darauf entlassen.

Aber inzwischen hat Lotte Lindenthal den Ministerpräsidenten geheiratet).

Als er die Probebühne betrat, stieß Hendrik Höfgen, der den »Mephisto« spielen sollte, mit einem jungen Menschen zusammen, es war Hans Miklas, Hendrik hatte seit Wochen nicht mehr an ihn gedacht. Ach ja, natürlich, Miklas lebte ! Er war sogar am Staatstheater engagiert, und er sollte in der neuen »Faust«-Inszenierung die Rolle des Schülers spielen. Auf dieses Zusammentreffen war Hendrik nicht vorbereitet; um die kleineren Rollen hatte er sich noch nicht gekümmert. Num überlegte er sich blitzschnell : Wie verhalte ich mich ? Dieser renitente[2] Bursche haßt mich noch; und wenn es nicht selbstverständlich wäre : der bleiche und böse Blick, den er mir gerade zugeworfen hat, müßte es mir verraten. Er haßt mich, er hat nichts vergessen, und er kann mir schaden, wenn er Lust dazu hat. Was hindert ihn, Lotte Lindenthal zu erzählen, warum es damals zu dem Auftritt[1] zwischen uns gekommen ist. Ich wäre verloren, wenn er sich das einfallen ließe. Aber er wagt es nicht, so weit wird es wahrscheinlich nicht gehen.

Hendrik beschloß : ich werde ihn fast übersehen und ihn mit meinem Hochmut einschüchtern. Dann denkt er, ich sei schon wieder ganz obenauf, habe alle Trümpfe[3] in der Hand und man könne nichts gegen mich ausrichten. — Er klemmte sich das Monokel vors Auge, machte ein spöttisches Gesicht und sprach durch die Nase : »Herr Miklas — sieh da ! Daß es Sie auch noch gibt !« Dabei lächelte er aasig[4], hüstelte und schlenderte weiter.

Hans Miklas hatte die Zähne aufeinandergebissen und geschwiegen. Sein Gesicht was unbewegt geblieben, aber da Hendrik es nicht mehr beobachten konnte, verzerrte es sich vor Haß und vor Schmerz. Niemand kümmerte sich um den jungen Mann, niemand sah, daß er die Fäuste ballte[5] und daß seine hellen Augen sich mit Tränen füllten. Hans Miklas zitterte an seinem schmalen, mageren Körper...

nach Klaus MANN, »Mephisto«, (1936)
Rororo 4821

1 **der Auftritt :** l'altercation.
2 **renitent :** récalcitrant.
3 **der Trumpf :** l'atout.
4 **aasig :** d'un air mauvais, fielleux.
5 **die Fäuste ballen :** serrer les points.

A — COMPRÉHENSION DE L'ÉCRIT

I — Cochez les cases qui conviennent et justifiez chaque fois votre choix par un extrait du texte (à l'exclusion de l'introduction).

Richtig	Falsch	
☐	☐	1. Höfgen und Miklas treffen sich zum erstenmal.
☐	☐	2. Miklas soll im »Faust« eine der Hauptrollen spielen.
☐	☐	3. Miklas und Höfgen treffen sich vor dem Theater.
☐	☐	4. Höfgen ist älter als Miklas.
☐	☐	5. Lotte Lindenthal weiß nicht, was früher zwischen Höfgen und Miklas passiert ist.
☐	☐	6. Höfgen geht an Miklas vorbei, ohne ihn anzureden.

II — Cochez, dans chacune des quatre séries ci-dessous, l'affirmation qui correspond au sens du texte.

1. ☐ a. Höfgen und Miklas haben sich verabredet.
   ☐ b. Höfgen und Miklas begegnen sich zufällig.
   ☐ c. Höfgen und Miklas wollen sich beide ein Theaterstück ansehen.
   ☐ d. Höfgen und Miklas haben vor, sich mit Lotte Lindenthal zu treffen.
   ☐ e. Milkas besucht Hendrik Höfgen.

2. ☐ a. Höfgen hat Miklas engagiert.
   ☐ b. Höfgen will Miklas entlassen.
   ☐ c. Beide streiten sich um eine Hauptrolle.

☐ d. Höfgen tut alles, damit Miklas seine Rolle nicht bekommt.

☐ e. Höfgen und Miklas sollen im gleichen Theaterstück spielen.

3. ☐ a. Höfgen fragt sich, wie er Miklas anreden soll.

☐ b. Höfgen wendet sich sofort von Miklas ab.

☐ c. Höfgen redet Miklas spontan an.

☐ d. Höfgen stellt Miklas sofort eine Reihe von Fragen.

☐ e. Höfgen führt mit Miklas ein Gespräch von Mann zu Mann.

4. ☐ a. Miklas läßt sich in ein Gespräch ein.

☐ b. Miklas übersieht Höfgen.

☐ c. Miklas kann seine Gefühle nicht lange verbergen.

☐ d. Miklas bleibt gleichgültig.

☐ e. Miklas schreit laut auf.

III — L'exercice qui suit comporte deux parties.

1. Les affirmations de la liste « A » sont-elles vraies ou fausses ? Cochez les cases convenables de la colonne 1.

COLONNE 1		COL. 2
VRAI	FAUX	////

LISTE « A »

a. Höfgen hätte Miklas nur allzugern vergessen.

b. Höfgen spürt, daß Miklas Gefühle sich geändert haben.

c. Höfgen fürchtet Miklas nicht.

d. Höfgen versucht sich zu beruhigen.

e. Höfgen glaubt, daß er Miklas beeindrucken kann.

f. Miklas soll Höfgens Verachtung zu spüren bekommen.

2. Pour chacune des phrases ainsi cochées, trouvez, dans la liste « B » ci-dessous, la citation qui étaye votre choix, puis reportez le numéro de cette citation dans la case correspondante de la colonne 2.

LISTE « B »

1. »Herr Miklas — Sieh da ! daß es Sie auch noch gibt !«
2. Ach ja, natürlich, Miklas lebte !
3. Dann denkt er, man könne nichts gegen mich ausrichten.
4. Soweit wird es wahrscheinlich nicht gehen.
5. Dieser Bursche haßt mich noch.
6. Er kann schaden, wenn er Lust dazu hat.

B — EXPRESSION PERSONNELLE

I — Production semi-guidée.

Complétez le dialogue ci-dessous en imaginant les répliques de Miklas.

Etwa eine Stunde nach dem Zusammentreffen mit Höfgen trifft Miklas seinen Freund Karl.

K. : Du siehst so besorgt aus, Hans !

M. : ...

K. : Ach, was für ein Zufall ! Ist er jetzt wieder obenauf ?

M. : ...

K. : Hast du vorher nichts davon gewußt ?

M. : ...

K. : Seit wann hattest du ihn nicht mehr gesehen ?

M. : ...

K. : Ach ja, ich erinnere mich noch gut daran. Weiß Lotte überhaupt, warum du damals enlassen worden bist ?

M. : ...

K. : Und Hendrik war wirklich so sarkastisch ?

M. : ...

K. : An deiner Stelle würde ich mir das aber nicht gefallen lassen ! Warum gehst du nicht zu Lotte und erzählst ihr alles ? Sie war immer so freundlich zu dir !

M. : ...

K. : Natürlich, ich verstehe schon; aber an deiner Stelle würde ich keine einzige Minute zögern.

M. : ...

II — Expression libre.

Ist Schauspieler ein Traumberuf ?

C — COMPÉTENCE LINGUISTIQUE

I — Complétez par les mots ou les terminaisons qui conviennent.

Der bekannt... Schauspieler Hendrik Höfgen weiß zuerst nicht,... er sich verhalten soll,... er die Bühne betritt und Miklas bös... Gesicht sieht. Seit ein... Jahr ... es Höfgen gelungen, nicht mehr... ihn zu denken, aber nun fürchtet er sich vor sein... Reaktion. Einig... Jahr... vorher hatten sie sich gestritten. Nun ist Miklas,... Haß er kennt, wieder am Staatstheater engagiert... und Höfgen erinnert sich plötzlich... den Auftritt zwischen... Er fragt..., ob Miklas... . wirklich schaden würde.

II — Remplacez dans chaque phrase les éléments soulignés par une dépendante (subordonnée).

1. *Beim Zusammentreffen mit Miklas* wurde Höfgen unsicher.
2. *Nach kurzem Zögern* beschloß Hendrik, Miklas zu grüßen.
3. *Beim Spielen* ließ sich Hendrik nie einschüchtern.
4. Hendrik war *vor Angst* bleich geworden.

III — Dans les phrases ci-après, remplacez chaque espace libre par la forme appropriée du verbe indiqué entre parenthèses ou celle d'un auxiliaire (« sein », »haben«, »werden«).

N.B. — Les phrases s'enchaînent selon une logique qui devra être respectée.

1. Als Höfgen Miklas erblickte,... er seinem jungen Kollegen schon lange nicht mehr... (begegnen).
2. Zu spät ! Er... ihm nicht mehr ausweichen, so sehr er es auch wollte (können).

3. Er... sich am liebsten in ein Mäuseloch..., wenn es möglich gewesen wäre (verkriechen).
4. Milkas... vor einiger Zeit am Staatstheater... ... (anstellen).
5. Ihm selbst... man eine kleine Rolle... (vorschlagen).
6. Er... sehr darunter, denn er erwartete mehr von seinem Beruf (leiden).
7. »Ich... ihm das nächste Mal..., was ich auf dem Herzen habe«, denkt Miklas (sagen).
8. »Er sieht auf mich herab, als ob ich gar nicht...« sagt sich Miklas (existieren).
9. »Aber vielleicht fürchtet er auch, ich... Lotte Lindenthal alles erzählen« (können).
10. »Warum habe ich mir das alles... ?« denkt Miklas (gefallen lassen).

4. Paris, juin 1986 (L.V. 2)

WOHNUNGSSUCHE

(Die Szene spielt im Jahre 1932. Eine junge Frau, »Lämmchen«, sucht eine möblierte Wohnung, während ihr Mann, »Johannes«, arbeitet.)

Lämmchen sucht eine Wohnung, Lämmchen läuft viele Treppen... Sie läuft und steigt, sie fragt und geht weiter.

Und manchmal, wenn es beinahe so paßte, wenn alles schon so ziemlich abgeschlossen ist und Lämmchen denkt : »Na, morgen früh kann Johannes endlich ohne Sorgen aufwachen« und wenn sie dann sagt (denn sie wollen ja nicht wieder nach zwei oder drei Wochen rausgesetzt werden[1] : »Wir erwarten aber ein Kind« — dann wird das Gesicht der Vermieterin ganz lang, und sie sagt : »Ach nein, liebe junge Frau, nehmen Sie's mir nicht übel. Sie gefallen mir wirklich, aber mein Mann.«

Weiter ! Weiter, Lämmchen, die Welt ist groß, Berlin ist groß, es muß ja auch nette Menschen geben, es ist doch ein Segen[2], wenn man ein Kind erwartet, wir leben im Jahrhundert des Kindes... »Wir erwarten aber ein Kind.«

»Oh, das macht fast gar nichts ! Kinder müssen ja auch sein, nicht wahr ? Nur, es ruiniert doch eine Wohnung schrecklich, wenn ein Kind da ist, all die Babywäsche waschen, und wir haben so gute Möbel. Und dann zerkratzt so ein Kind die Politur[3]. Gerne... aber ich müßte Ihnen statt fünfzig Mark doch mindestens achtzig rechnen.« »Nein, danke«, sagt Lämmchen und geht weiter.

»O warum« denkt Lämmchen, »o warum haben wir nicht ein ganz klein bißchen mehr Geld ! Daß man nur nicht so furchtbar mit dem Pfennig zu rechnen bräuchte ! Es wäre alles so einfach, das ganze Leben sähe anders aus, und man könnte sich restlos auf den Murkel[4] freuen...«

Abends sitzt dann oft schon Johannes im Zimmer und wartet auf sie. »Nichts ?« fragt er.

»Noch nichts«, sagt sie. »Aber verlier bloß den Mut nicht. Ich habe so ein Gefühl, morgen finde ich bestimmt was. O Gott, was habe ich für kalte Füße !«. Aber das sagt sie nur, um ihn abzulenken[5] und zu beschäftigen. Zwar, sie hat wirklich kalte Füße, und naß sind sie auch... aber sie sagt es nur, damit er erst einmal über die Enttäuschung mit der immer noch nicht gefundenen Wohnung wegkommt.

Nach Hans FALLADA : Kleiner Mann, was nun ?

---

1 **rausgesetzt werden** : être mis à la porte.
2 **der Segen** : la bénédiction.
3 **die Politur zerkratzen** : érafler le vernis.
4 **der Murkel** : le petit, le bambin.
5 **jn ablenken** : détourner l'attention de quelqu'un.

A — COMPRÉHENSION DE L'ÉCRIT

I — Cochez la case convenable et justifiez votre choix par un extrait du texte.

Richtig	Falsch	
☐	☐	1. Es fällt Lämmchen schwer, eine möblierte Wohnung zu finden.
☐	☐	2. Bei dieser Wohnungssuche spielt das Geld keine Rolle, da das junge Ehepaar gar keine finanziellen Schwierigkeiten hat.
☐	☐	3. Die erste Vermieterin sagt Lämmchen, daß sie sie mag.
☐	☐	4. Da die Szene in einem Dorf spielt, gibt es nicht viele Wohnungen.
☐	☐	5. Lämmchen sagt : »Wir erwarten aber ein Kind«, damit die Vermieterin Mitleid mit ihr hat.
☐	☐	6. Lämmchen betrachtet es als Unglück, ein Kind zu bekommen.
☐	☐	7. Die erste Vermieterin verlangt zu viel Geld.
☐	☐	8. Am Abend merkt Johannes sofort, daß Lämmchen keine Wohnung gefunden hat.
☐	☐	9. Dann wechselt Lämmchen das Thema.
☐	☐	10. Bei der Wohnungssuche denkt Lämmchen vor allem an ihren Mann.

II — Cochez la ou les cases convenables et citez chaque fois un élément du texte justifiant votre choix.

1. Lämmchen erscheint hier :

☐ — optimistisch.
☐ — pessimistisch.
☐ — fatalistisch.
☐ — als eine tätige Frau.

2. Die erste Vermieterin :

☐ — ist verständnisvoll.

☐ — sagt nicht direkt, was sie denkt.
☐ — ist unhöflich.
☐ — denkt vor allem ans Geld.
☐ — sagt nicht direkt, was sie denkt.
☐ — legt viel Wert auf alles, was sie besitzt.

III — Complétez ce résumé en employant des mots ou expressions tirés du texte.

Die junge Frau läuft die Treppe hinauf und besichtigt eine schöne Wohnung : »Ja«, meint sie, »Alles würde mir gut ... , aber, wissen Sie, ich ... ein Baby !«

Dann macht die Vermieterin ein langes Gesicht, bittet Lämmchen um Entschuldigung : »Sie dürfen es mir nicht ... ... aber ich kann Ihnen die Wohnung nicht vermieten.«

Lämmchen meint, daß es doch auch ... Leute geben müsse ! Aber für die zweite Vermieterin sind Kinder ... , sie beschädigen alles. Am Abend ... Johannes ungeduldig auf seine Frau. Sie hat noch nichts gefunden, es ist eine große ... für ihn und er verliert den ... .

B — EXPRESSION PERSONNELLE

I — Production semi-guidée :

Am Abend unterhält sich die erste Vermieterin mit ihrem Mann über Lämmchens Besuch. Ihr Mann versteht nicht, warum sie die Wohnung nicht an Lämmchen vermietet hat. Da bringt sie Gegenargumente vor.
Schreiben Sie den Dialog ! (80 mots)

II — Production libre :

Ist die Ankunft eines Kindes in einer Familie immer ein Glück, ein »Segen«, wie Lämmchen sagt ? (150 mots)

C — COMPÉTENCE LINGUISTIQUE

I — Transformez les phrases d'après le modèle suivant :

— Lämmchen besichtigt viele Wohnungen.
— Gestern hat Lämmchen viele Wohnungen besichtigt.

1. Lämmchen findet keine Wohnung.
2. Lämmchen läuft den ganzen Tag.
3. Sie denkt oft an ihren Mann.
4. Johannes wartet lange auf sie.
5. Die Vermieterinnen sind nicht sehr freundlich.
6. Die junge Frau kann sie nicht überzeugen.

II — Mettre au comparatif et insérer l'adjectif ou l'adverbe indiqué entre parenthèses :

1. Die junge Frau sollte ... sprechen. (laut)
2. Sie wollte ein ... Zimmer mieten. (groß)
3. Die Wohnungen werden immer ... (teuer)
4. Sie möchte ... eine billige Wohnung. (gern)

III — Lämmchen exprime un certain nombre de regrets, Johannes répond chaque fois en formulant le souhait correspondant :

Lämmchen : »Wir haben kein Geld !«
Johannes : »Ja, wenn wir nur Geld hätten !«

1. Wir haben keine Beziehungen in der Stadt.
2. Die Vermieterinnen sind nicht nett zu uns gewesen !
3. Wir müssen wegen des Kindes schnell umziehen !
4. Der Chef hat keinen höheren Lohn geben wollen !
5. Unsere Eltern können uns finanziell nicht unterstützen !
6. Wir schlafen immer so schlecht !

IV — Compléter :

Nun ist der Murkel da ! Obwohl das Ehepaar noch keine Wohnung gefunden hat, beschließt es, die Geburt d... Kind... zu feiern. Die Nachbarn sind zum Kaffee eingeladen und gratulieren d... jung... Ehepaar.

»Was für ein süßes Baby ! Schläft ... schon die ganze Nacht durch ?« Lämmchen unterhält sich ... d... neugierig... , aber freundlich... Frau,... Johannes mit dem Mann über die materiellen Probleme spricht :

— »Haben ... eine Wohnung gefunden ?« fragt der Mann.

— »Noch nicht, wir haben ... Glück gehabt ! Es scheint, als ob die Vermieterinnen, mit ... Lämmchen gesprochen hat, Angst ... Kindern ... «

— »Wissen Sie, in unserem Viertel sollen bald neu... Wohnungen gebaut ... «, erklärt der Mann.

— »Einige sind schon gebaut ... «, fügt die Frau hinzu, »und sie sind sogar billiger ... man denkt !«

... die Nachbarn viel diskutiert ... , nehmen sie Abschied ... d... Ehepaar und danken ihnen, ... so gut empfangen ... haben.

5. Amiens, juin 1986 (L.V. 2)

Der Rucksack war schnell gepackt. Nur das Nötigste sollte mit : Schlafsack, Kochgeschirr, Regenmantel, Kleidung zum Wechseln, kurze Hose, Taschenmesser, Tabak, Pfeife, Feuerzeug, Zahnbürste, Tagebuch, Essen für ein paar Tage. Ohne Uhr und damit ohne Zeit, ohne Karte und Kompaß[1], damit ohne Orientierung, ohne Bücher und damit ohne Leben aus anderer Hand.

Das Wichtigste aber, was ich zu Hause ließ, war das, was man gewöhnlich zum Leben braucht : das liebe Geld, ohne das bis heute nichts ging. Ohne Geld durch eine Welt zu gehen, in der sich alles um Mark und Pfennig dreht, hatte etwas Utopisches für mich, erschien mir wie ein Gang in absolutes »Neuland«...

... Nach wenigen Tagen teile ich mir mit meinem Hund das letzte Brot, das letzte Stück Käse, und was wird morgen ? Soll ich betteln[2] gehen ? Arbeiten ? Klauen[3] ? »Wenn du unterwegs bist, hast du immer Hunger«, hatte mir Gustav, der Tippelbruder[4] gesagt. Damals war ich als Reporter unterwegs und der Artikel, den ich später schrieb, trug den Titel : »Betteln ist schwerer als arbeiten«...

... »Haben Sie wohl etwas altes Brot ?« hieß die Frage, an die ich mich hier vor der Bäckerei plötzlich erinnere. Nie hatte ich auch nur im Traum daran gedacht, daß ich diese Worte einmal selbst gebrauchen werde, um meinen Hunger zu stillen. Und wenn ich jetzt zögere[5], in die Bäckerei zu gehen, um nach Brot zu betteln, dann nicht, weil ich kein Geld habe, sondern weil ich doch welches besitze auf meinem Bankkonto. Wirkliche Angst macht mir nur der Gedanke, daß ich dies alles tue, um darüber zu schreiben.

Michael HOLZACH
»Deutschland umsonst
(Zu Fuß und ohne Geld durch ein Wohlstandsland)«
Hoffmann und Campe, 1983

1 **der Kompaß** : la boussole.
2 **betteln** : mendier.
3 **klauen** : stehlen.
4 **der Tippelbruder** : le vagabond.
5 **zögern** : hésiter.

A — COMPRÉHENSION DE L'ÉCRIT

I — Complétez les phrases suivantes en choisissant un des éléments proposés entre parenthèses. Un seul élément est exact.

1. Dieser Text wurde...
(*a* : von einem Reporter; *b* : von einem Tippelbruder; *c* : von einem Ingenieur) geschrieben.
2. Er will...
(*a* : durch Deutschland fahren; *b* : zu Fuß durch Deutschland gehen; *c* : mit einem Freund durch Deutschland gehen).
3. ... (*a* : Ein Hund; *b* : Ein Journalist; *c* : Gustav) begleitet ihn.
4. Um essen zu können, muß er...
(*a* : stehlen; *b* : arbeiten; *c* : betteln).

II — Répondez par vrai ou par faux en cochant la case correspondante et justifiez votre réponse en citant un élément du texte.

	VRAI	FAUX
1. Michael Holzach nimmt keine Karte und keine Uhr auf die Reise mit.	☐	☐
2. Diese Reise durchs Land scheint ihm etwas ganz Neues zu sein.	☐	☐
3. Er hatte schon einmal geträumt, daß er selbst betteln mußte.	☐	☐
4. Da er kein Geld hat, zögert er in die Bäckerei zu gehen.	☐	☐

III — Cochez l'affirmation exacte. Une seule est exacte.

1er paragraphe :

1. *a.* Den Schlafsack nahm er nicht mit. ☐
   b. Er nahm nur das Nötigste mit. ☐
   c. Das Feuerzeug ließ er zu Hause. ☐
2. *a.* Er nahm Essen für einen Tag mit. ☐
   b. Er hatte das Essen zu Hause vergessen. ☐
   c. Für einige Tage hatte er genug zu essen. ☐

2ᵉ paragraphe :

a. Michael Holzach will zeigen, daß man ohne Geld doch leben kann. ☐
b. Er denkt, daß man ohne Geld nicht reisen kann. ☐
c. Er reist ohne Geld, weil er keines hat. ☐

3ᵉ paragraphe :

Gustav hatte damals behauptet : »wenn du unterwegs bist, hast du immer Hunger«. Damit meint er,

a. daß man nur Hunger hat, wenn man nicht zu Hause ist. ☐
b. daß er immer genug zu essen hat. ☐
c. daß man immer hungrig ist, wenn man zu Fuß geht. ☐

4ᵉ paragraphe :

1. *a.* Er fragt sich, ob er Brot kaufen wird ? ☐
b. Er fragt sich, ob er nach Brot betteln kann ? ☐
c. Er fragt sich, ob die Bäckerei auf ist ? ☐

2. *a.* weil er kein Geld hat. ☐
b. weil er Angst vor der Verkäuferin hat. ☐
c. weil er weiß, daß er doch etwas Geld besitzt. ☐

3. Wenn Michael Holzach sagt »Wirkliche Angst macht mir nur die Vorstellung, daß ich dies alles tue, um darüber zu schreiben«, hat er,
a. Angst, ohne Geld zu reisen. ☐
b. Angst, daß er diese Reise nur unternimmt, um einen Artikel schreiben zu können. ☐
c. Angst, nichts darüber schreiben zu dürfen. ☐

B — EXPRESSION PERSONNELLE

I — Expression semi-guidée
Développez (sous forme de dialogue ou non).

Die Bäckerin sagt, was sie von solchen Leuten denkt, die nicht arbeiten...
Ein junger Mann, der nicht derselben Meinung ist, antwortet...

II — Expression libre

Sind Sie der Meinung, daß das Geld in unserer Welt eine zu große Rolle spielt ?

C — COMPÉTENCE LINGUISTIQUE

I — Posez la question correspondant à l'élément en italique :

1. Der Wald liegt *hinter dem Dorf.*
2. Der Hund gehört *dem Autor.*
3. Der Bus fährt *in die Stadt.*
4. Die Bäckerei öffnet *morgen früh.*
5. Sie sprechen *über das Wetter.*
6. Er unterhält sich *mit der Bäckerin.*

II — Répondez aux questions en utilisant l'amorce suivante :
»Michael Holzach wäre froh, wenn...«
1. Hat der Hund etwas zu fressen ?
2. Findet die Bäckerin noch altes Brot ?
3. Kann der Tippelbruder ihm helfen ?
4. Ist das Wetter schön ?

III — Reliez les deux propositions par un pronom relatif, la seconde proposition devenant une relative.

1. Er erinnert sich an die Bäckerin; er hat mit ihr gesprochen.
2. Ich esse den Käse; ich habe ihn gestern gekauft.
3. Die Hunde bellten laut; er begegnete ihnen.
4. Der Tippelbruder hieß Gustav; der Reporter spricht von ihm.

IV — Traduire le texte de : »Nach wenigen Tagen«... **jusqu'à** »hatte mir Gustav, der Tippelbruder gesagt.«

6. Lille, juin 1986 (L.V. 1)

Endlich der Lauf, Entscheidung über zehntausend Meter... Ah, der ganze Verein[1] war gekommen, die Aktiven, die Veteranen, und mit ihnen waren ihre Familien gekommen, und mit ihnen anscheinend der ganze Hafen : Sie mußten erfahren haben, daß einer von ihnen um den höchsten Titel des Landes lief, und sie wollten den Hafen siegen sehen. Bert suchte mich, ich winkte. Und er nahm vom Start weg die Spitze... Die Hafenleute sprangen von den Bänken hoch. Doch langsam kam Dohrn heran, war auf gleicher Höhe mit Bert, schob sich vorbei und lag einen halben Meter vor ihm, als sie das Ziel passierten. Dohrn gewann die Deutsche Meisterschaft damals, Bert wurde Zweiter... Es genügte ihm, auch seinem Anhang[2] aus dem Hafen genügte der zweite Platz. Ihr Beifall wollte kein Ende nehmen, als Berts Name im Lautsprecher erklang, und als der Name des Vereins erklang, für den er gelaufen war; ja, sie feierten ihn mehr als den Sieger, denn er hatte dafür gesorgt, daß sie alle das Glück hatten, ausgezeichnet zu werden, und die silberne Medaille genügte ihnen völlig. Und Krohnert[3] : Sein rotes Gesicht tauchte zwischen den Fotografen auf, erschöpft vor Freude; ich sah, wie er sich zu Bert durchkämpfte, ihn heftig umarmte und anscheinend nicht mehr loslassen wollte... Er ließ ihn nach dem Lauf nicht mehr allein. Er stand dabei, als Bert sich anzog, er schob ihn ins Taxi, und vor der Vereinskneipe zog er Bert heraus. Aber bevor wir hineingingen, geschah etwas, was Bert damals noch in Verlegenheit[4] brachte : Ich weiß noch, wie plötzlich der Junge auf ihn zutrat. Er hielt Bert einen Bleistift hin, ein aufgeschlagenes Heft, und als Bert ihn ratlos ansah, sagte Alf : »Du sollst ihm ein Autogramm geben«. Und Bert : »Wozu denn ?« »Er sammelt Berühmtheiten«, sagte Alf. Wir standen um ihn herum und beobachteten, wie Bert seinen Namen in das Buch des Jungen schrieb... Dann gab Bert dem Jungen die Hand, blieb unschlüssig[5] stehen, als ob noch etwas geschehen müßte, und wir zogen ihn hinein... Wer hatte die Silbermedaille geholt ? Bert oder der Verein ? Der Verein schien sie gewonnen zu haben, zumindest ließ die Feier darauf schließen... Ich verließ früh ihre Feier, ich mußte noch über die Läufe des Vortages und über Berts Lauf schreiben, und ich verschwand ohne großen Abschied... Immer dasselbe : Am Sonntagabend schreiben, damit es am Montag im Blatt ist.

Nach Siegfried LENZ :
Brot und Spiele, Roman.

1 **der Verein** : l'association, le club.
2 **der Anhang** : die Anhänger; die Fans.
3 **Krohnert ist** der Vereinschef.
4 **verlegen** : gêné, embarrassé.
5 **unschlüssig** sein : zögern.

A — COMPRÉHENSION DE L'ÉCRIT

I — VRAI ou FAUX. Écrivez vrai ou faux et justifiez votre choix en citant un élément du texte.

- ☐ 1. Bert und Dohrn gehören zum selben Sportverein.
- ☐ 2. Dohrn gewinnt mit einem großen Vorsprung.
- ☐ 3. Dank Bert wird der Verein geehrt.
- ☐ 4. Einen halben Meter vor dem Ziel bleibt Bert auf dem Boden liegen.
- ☐ 5. Krohnert freut sich am wenigsten.
- ☐ 6. Der Erzähler scheint mit Bert befreundet zu sein.
- ☐ 7. Der Erzähler verfolgt die Läufe, weil er an einer Biographie Berts arbeitet.
- ☐ 8. Bert und seine Freunde feiern die Silbermedaille.
- ☐ 9. Die Medaille wird in einem sehr feinen Restaurant des Hafens gefeiert.
- ☐ 10. Nach der Feier hat der Erzähler keine Zeit mehr, von allen Abschied zu nehmen.

II — Soulignez les éléments erronés que comporte le texte ci-dessous :

Damals, an einem Samstagnachmittag fand die Weltmeisterschaft statt. Der Hafen war voller Leute. Die Hafenleute wünschten Berts Sieg. Er lief eine Zeit lang allen Konkurrenten voran. Die Hafenleute sprangen vor Freude hoch. Als beide Läufer aber auf gleicher Höhe waren, schob Dohrn Bert zur Seite und gewann. Bert bekam nur die Silbermedaille. Sie genügte aber den Hafenleuten. Sie freuten sich sogar sehr. Bert gab einem Jungen ein Autogramm, währenddessen wurde die Medaille geholt. Dann wurde gefeiert.

III — Pour chaque groupe recopiez l'affirmation correcte

1. Die Bewohner des Hafens sind alle in den Verein eingetreten.
   Ein Läufer des Vereins läuft heute im Hafen.
   Ein Läufer des Hafenvereins soll heute an einem wichtigen Lauf teilnehmen.
   Alle Bewohner des Hafens sind immer da, wenn einer von ihnen läuft.
2. Die Hafenleute sind sehr enttäuscht, als Bert nicht gewinnt.
   Während des ganzen Rennens laufen Bert und Dohrn Seite an Seite.
   Gleich nach dem Start kann man sehen, daß Bert nicht gewinnen könnte.
   Obwohl Bert nur Zweiter wird, sind seine Anhänger zufrieden.

3. Für die Anhänger Berts ist die Silbermedaille nicht nur eine Auszeichnung für ihn, sondern auch für den ganzen Verein.
   Es ist den Anhängern Berts klar, daß er für sich allein läuft.
   Mit großer Begeisterung spenden alle Anhänger des Hafenvereins dem Sieger Beifall.
   Da Bert nicht gewonnen hat, ist es den Hafenleuten unangenehm, den Namen ihres Vereins im Lautsprecher erklingen zu hören.
4. Bert ist sehr stolz darauf, um ein Autogramm gebeten zu werden.
   Bert findet es selbstverständlich, daß man ihn um ein Autogramm bittet.
   Bert ist sehr überrascht, als man ihn um ein Autogramm bittet.
   Obwohl Bert die Silbermedaille gewonnen hat, ist er nicht bereit, auch nur ein Autogramm zu geben.
5. Die Überschrift des Textes könnte lauten :
   Ein schlechter Verlierer.
   Jeder für sich.
   Einer für alle.
   Dohrn mit uns.

B — EXPRESSION PERSONNELLE

I — Production semi-guidée

Ein Journalist interviewt Bert :

☐ Der Journalist : »Welche Gefühle empfinden Sie nach diesem Lauf ?« Sind Sie enttäuscht ? An wen denken Sie dabei ganz besonders ?

☐ Der Journalist : »Welche Ratchläge würden Sie jungen Sportlern geben ?«

☐ Der Journalist : »Wie stellen Sie sich Ihre Zukunft vor ?«

II — Production libre

Sport ist heute ganz große Mode. Warum denn wohl ? Führen Sie Beispiele an ! Treiben Sie selbst Sport ? Warum ? Warum nicht ?

C — COMPÉTENCE LINGUISTIQUE

I — Répondez aux questions :

1. Wozu schreien die Zuschauer ? Wollen sie den Läufer anfeuern ?
   Ja, die Zuschauer schreien, ...

2. Wozu reicht ihm der Junge ein Heft ? Will er ein Autogramm bekommen ?
   Ja, der Junge reicht ihm ein Heft, ...
3. Wozu reicht ihm der Junge ein Heft ? Soll Bert ein Autogramm geben ?
   Ja, der Junge reicht Bert ein Heft, ...

II — Mettez à l'impératif.

1. Ich bitte dich darum, ihm ein Autogramm zu geben !
2. Ich bitte euch darum, ihm zu gratulieren !
3. Ich bitte dich darum, nicht traurig zu sein !

III — Complétez par une des prépositions suivantes : an, von, mit, für, über, um.

□ 1. Die Hafenleute interessieren sich ... die Meisterschaft.
□ 2. Die Hafenleute zweifeln nicht ... Berts Sieg.
□ 3. Aber Dohrn siegt ... Bert.
□ 4. Bert muß sich ... der silbernen Medaille begnügen.

IV — Mettez au discours indirect, en employant le subjonctif :

Der Erzähler schreibt, ...
»Ich kann jenen Tag nicht vergessen. Damals gewann Dohrn die Medaille. Bert wurde Zweiter. Trotzdem wollte der Beifall seiner Anhänger kein Ende nehmen.«

V — Traduisez de »Ihr Beifall wollte...« jusqu'à »völlig.«

VI — Complétez :

... der Lauf zu Ende war, drängten sich zahlreich ... Fotografen und Reporter um Bert, d... Vertreter des Hafenvereins. Berts Freunde waren erstaunt ... sehen, ... verlegen er dastand. Kurz darauf traf man sich in ein... Lokal, vor d... Tür ein klein ... Junge wartete. Bert verstand nicht sofort, was dieser Junge von ... wollte. Er war es nicht gewohnt, als Star betrachtet zu ... .

7. Djibouti, Maroc, Portugal, Sénégal, juin 1986 (L.V. 1)

L'histoire se passe au 18ᵉ siècle. Le héros, un certain Grenouille, quitte la grotte dans laquelle il a vécu volontairement pendant sept ans.

Er sah fürchterlich aus. Die Haare reichten ihm bis zu den Kniekehlen[1], der dünne Bart bis zum Nabel[2]. Seine Nägel waren wie Vogelkrallen, und an den Armen und Beinen, wo die Lumpen nicht mehr hinreichten, den Körper zu bedecken, fiel ihm die Haut in Fetzen[3] ab.

Die ersten Menschen, denen er begegnete, Bauern auf einem Feld nahe der Stadt Pierrefort, rannten schreiend davon, als sie ihn sahen. In der Stadt selbst dagegen machte er Sensation. Die Leute liefen zu Hunderten zusammen, um ihn zu begaffen. Manche hielten ihn für einen entkommenen Galeerensträfling. Manche sagten, er sei gar kein richtiger Mensch, sondern eine Mischung aus einem Menschen und einem Bären, eine Art Waldwesen. Einer, der früher zur See gefahren war, behauptete, er sehe aus wie der Angehörige eines wilden Indianerstammes in Cayenne, welches jenseits des großen Ozeans liege. Man führte ihn dem Bürgermeister vor. Dort wies er zum Erstaunen der Versammelten seinen Gesellenbrief[4] vor, machte seinen Mund auf und erzählte in ein wenig kollernden[5] Worten — den es waren die ersten Worte, die er nach siebenjähriger Pause von sich gab —, aber gut verständlich, daß er auf seiner Wanderschaft von Räubern überfallen, verschleppt und sieben Jahre lang in einer Höhle gefangengehalten worden sei. Er habe in dieser Zeit weder das Sonnenlicht noch einen Menschen gesehen, sei mittels eines von unsichtbarer Hand ins Dunkle herabgelassenen Korbes ernährt und schließlich mit einer Leiter befreit worden, ohne zu wissen, warum, und ohne seine Entführer oder Retter je gesehen zu haben. Diese Geschichte hatte er sich ausgedacht, denn sie schien ihm glaubhafter als die Wahrheit, und sie war es auch, denn dergleichen räuberische Überfälle geschahen in den Bergen der Auvergne, des Languedoc und in den Cevennen durchaus nicht selten. Jedenfalls nahm sie der Bürgermeister anstandslos[6] zu Protokoll und erstattete einen Bericht über den Vorfall.

Patrick SÜSKIND : »Das Parfüm« (Diogenes Verlag).

1 **die Kniekehle :** le jarret.
2 **der Nabel :** le nombril.
3 **in Fetzen :** en lambeaux.
4 **der Gesellenbrief :** certificat de fin d'apprentissage (artisanal).
5 **kollern :** gargouiller, glouglouter.
6 **anstandslos :** ohne zu zögern.

A — COMPRÉHENSION DE L'ÉCRIT

I — Richtig oder Falsch ? Cocher »Richtig« ou »Falsch« suivant que vous estimez l'affirmation juste ou fausse et justifier votre choix par un élément tiré du texte.

	Richtig	Falsch
*** Beschreibung des Helden**		
1. Er hatte sehr lange Haare.	☐	☐
2. Sein Bart war während des langen Aufenthalts in der Höhle ganz dicht geworden.	☐	☐
3. Seine Nägel waren scharf und gebogen.	☐	☐
4. Seine zerrissenen Kleider bedeckten seine Glieder nicht mehr.	☐	☐
*** Reaktion der Menschen in Pierrefort**		
1. Das Auftreten des Helden hat die Bauern erschreckt.	☐	☐
2. Viele Städter versammelten sich um ihn und bestaunten ihn neugierig.	☐	☐
3. Sie dachten, er sei aus dem Gefängnis in Pierrefort entflohen.	☐	☐
4. Ein ehemaliger Seemann sagte, er habe ihn schon in Cayenne getroffen.	☐	☐
*** Die Erklärungen des Helden**		
1. Der Held konnte beweisen, daß er ein Handwerk erlernt hatte.	☐	☐
2. Da er lange allein gelebt hatte, war nun seine Aussprache komisch.	☐	☐
3. Das Ganze war erlogen, was er erzählte.	☐	☐
4. Der Bürgermeister schenkte dieser Räubergeschichte keinen Glauben.	☐	☐

II — Remplacer les termes en italique par des éléments tirés du texte.

1. *Grenouille hatte ein beängstigendes Aussehen,* als er die Höhle verließ.
...

2. Die Menschen, *die er traf,* liefen davon.
...

3. Dann *zeigte er sein Diplom, was die Leute um ihn verwunderte.*
...

4. Er behauptete, sei *von Dieben angegriffen und mitgenommen worden.*
...

5. Er sagte auch, *er habe seine Nahrung bekommen, ohne zu wissen, von wem.*
...

III. — Parmi les titres suivants, lequel vous semble le mieux correspondre à l'ensemble du texte ?

Cochez la case correspondante :

☐ **1.** Der verwilderte Grenouille taucht wieder unter Menschen auf !
☐ **2.** Sieben Jahre lang in einer Höhle !
☐ **3.** Raubüberfall in den Cevennen !
☐ **4.** Der lang vermißte Grenouille ist wieder im Land !
☐ **5.** Grenouilles Wanderjahre.

B — EXPRESSION PERSONNELLE

I — Expression semi-guidée

Ein Bauer, der Grenouille getroffen hat, erzählt seiner Frau und seinen Kindern am Abend von diesem Vorfall. Erzählen Sie die Szene !

II — Expression libre

Grenouille lebte freiwillig sieben Jahre lang in einer Höhle. Aus welchen Gründen hatte er der zivilisierten Welt entgehen wollen, wie erklären Sie seine Rückkehr zur Zivilisation nach sieben Jahren und wie stellen Sie sich seinen neuen Anfang im Leben vor ?

C — COMPÉTENCE LINGUISTIQUE

I — Poser la question correspondant à l'élément en italique.

1. Grenouille sah *fürchterlich* aus.
2. Die Leute liefen auf den Marktplatz, *um ihn zu begaffen.*
3. Cayenne liegt *jenseits des großen Ozeans.*

4. Auf seiner Wanderschaft wurde der Geselle *von Räubern* überfallen.

II — Transposer à la forme en respectant le temps de la phrase d'origine.

1. Er ist von Räubern überfallen, verschleppt und sieben Jahre lang in einer Höhle gefangengehalten worden.
2. Er wurde von Unbekannten ernährt und mit einer Leiter befreit.
3. Es wird behauptet, er sei eine Art Waldwesen.
4. Ein Bericht über den Vorfall sollte vom Bürgermeister geschrieben werden.

III — Compléter :

Grenouille,... Körper von Lumpen bedeckt war, verließ seine Höhle,... er aus dem Wald kam, begegnete er einigen Menschen. Die Leute,... noch nie einen solchen Menschen gesehen hatten, liefen zu Hunderten zusammen. Ein Stadtbewohner,... er begegnete, fragte sich,... er vielleicht ein entkommener Galeeren sträfling sei. Grenouille fing an zu sprechen... zeigte seinen Gesellenbrief vor,... er sehr stolz war. In dieser Zeit kam es nicht selten vor,... man von Räubern überfallen wurde.

IV — Thème :

1. Les habitants de la ville de Pierrefort furent bien étonnés à la vue de cet homme qui ressemblait a un ours.
2. L'histoire que Grenouille avait inventée parut tout à fait vraisemblable au maire.

8. Rennes, juin 1986 (L.V. 2)

Zehn Jahre ist es her, daß ich versuchte, dem Terror unterm Tannenbaum ein Ende zu setzen. Ich war 22 Jahre alt, linke Studentin, kritisch unserer Konsumgesellschaft gegenüber, und lebte zu dieser Zeit in einer Wohngemeinschaft. Mit dem bürgerlich-feierlichen Fest sollte Schluß sein, Schluß aber auch mit dem Zwang [1] zum Schenken, nur weil Weihnachten ist. Meine Eltern sollten endlich verstehen, daß ich erwachsen war und mich von ihren Konventionen frei gemacht hatte.

Aber was geschah in unserer Wohngemeinschaft ? Den 24. Dezember einfach zu ignorieren, brachte keiner übers Herz. Wir konnten doch nicht einfach so tun, als wäre es ein Tag wie jeder andere, und an der Examensarbeit weiterschreiben oder über Politik diskutieren. Also sollte es ein richtiges Essen geben, aber ohne Zwang und falsche Sentimentalität.

Am Vormittag durfte eine Zeitlang niemand in Volkers Zimmer. Wir hörten Geräusche und wir wurden neugierig wie in alten Kindertagen. Außerdem wußte jeder insgeheim vom anderen, daß er eine Kleinigkeit zum Schenken besorgt hatte.

Als dann abends Volker sein Zimmer öffnete, strahlte uns ein verfremdeter Weihnachtsbaum entgegen. Volker hatte einen Besenstiel [2] mit Porree [3], Rasierschaum, Kerzen und etwas Lametta geschmückt. Beim Austausch der Geschenke wurde es da doch sehr lieb und rührend, so sehr, daß wir den leisen Schmerz über die vergengenen Kinder-Weihnachten in Feuerzangenbowle [4] ertränken mußten.

Noch zweimal habe ich alternative Weihnachten gefeiert. Einmal in einer Hütte in Dänemark, das andere Mal bei einem Massen-Fondue in einer befreundeten Wohngemeinschaft mit Tanz und reichlich Alkohol.

Inzwischen bin ich ganz erwachsen und fahre für Jahr zu meinen Eltern. Ich schmücke den Baum und freue mich über den Weihnachtsteller mit Mandarine und Dominosteinen aus Lebkuchen. Ich nehme den Streß und jährlichen Familienkrach, der sich spätestens am zweiten Weihnachtstag einstellt, dafür gern in Kauf [5].

Nach dem »STERN« vom 13.12.1984

1 **der Zwang :** cf. »zwingen«.
2 **der Besenstiel :** le manche à balais.
3 **der Porree :** le poireau.
4 **Die Feuerzangenbowle :** boisson alcoolisée à base de vin chaud et de fruits.
5 **etwas in Kauf nehmen :** s'accommoder de.

A — COMPRÉHENSION DE L'ÉCRIT

I — Vrai ou faux. Justifiez votre choix en utilisant une phrase ou deux du texte.

VRAI	FAUX	
☐	☐	**1.** Die Erzählerin war als Studentin politisch engagiert.
☐	☐	**2.** Sie wohnte damals bei ihren Eltern.
☐	☐	**3.** Sie freute sich darauf, Weihnachten mit ihrer Familie zu verbringen.
☐	☐	**4.** Am 24. Dezember schrieb jeder wir gewöhnlich an seiner Examensarbeit weiter.
☐	☐	**5.** An diesem Abend wurden Geschenke ausgetauscht.
☐	☐	**6.** Der Weihnachtsbaum sah ungewöhnlich aus.
☐	☐	**7.** Die Studenten erinnerten sich ein bißchen melancholisch an ihre Kindheit.
☐	☐	**8.** Zu Weihnachten fährt die Erzählerin nun regelmaßig zu ihren Eltern.

II — Remplacez les expressions en italique par une expression équivalente se trouvant dans le texte :

1. Ich wollte *mit* dem Zwang des Weihnachsfestes *Schluß machen.*
   . . .
2. Meine Familie sollte verstehen, daß ich *kein Kind mehr war.*
   . . .
3. Das Weihnachtsfest nicht zu feiern, *war für jeden zu schwer.*
   . . .
4. Jeder hatte dem anderen ein kleines Geschenk *gekauft.*
   . . .
5. Wir versuchten, unseren Schmerz *mit Alkohol zu vergessen.*
   . . .
6. Am 2. Weihnachtstag *beginnt* jedesmal ein Familienkrach.
   . . .

B — EXPRESSION PERSONNELLE

I — Expression semi-guidée

Die Studentin schreibt an ihre Eltern und erklärt ihnen, warum sie beschlossen hat, Weihnachten mit ihren Freunden zu feiern.

Imaginez cette lettre en utilisant, si vous le souhaitez, les expressions suivantes :

etwas vorziehen — etwas ertragen — mit der Tradition brechen — etwas oberflächlich finden — eine Lage ausnutzen — Geschäfte machen — zum Kaufen verführen — etwas satt haben.

Heute denkt sie anders. Warum hat sich ihre Einstellung zu diesem Fest geändert ?

II — Expression libre

Traitez une des questions proposées au choix :

1. Wie feiern Sie selbst Weihnachten ? Mit Ihrer Familie ? Bei Freunden ? Erklären Sie Ihre Gründe.
2. Würden Sie als Student (in) gern in einer Wohngemeinschaft leben ? Warum (nicht) ?

C — COMPÉTENCE LINGUISTIQUE

I — Transformez les phrases suivantes selon le modèle ci-dessous :

Wenn ich Zeit hätte, würde ich meine Eltern besuchen. → Wenn ich Zeit gehabt hätte, hätte ich meine Eltern besucht.

1. Wenn Weihnachten nicht so langweilig wäre, würde ich zu Hause bleiben.
2. Wenn es nicht so viel Verkehr gäbe, könnte ich früher ankommen.

II — Complétez par le pronom relatif qui convient :

Die Studentin,... Eltern auf dem Land wohnen, hat viele Freunde,... es auch in der Stadt besser gefällt. Einer von ihnen, mit... sie oft über Politik spricht, gehört zu den »Grünen«,... heute eine wichtige Rolle spielen.

III — Mettre au passif :

1. Unter dem Tannenbaum tauschen die Familienmitglieder Geschenke aus.
2. Die Eltern haben die Kinder ins Zimmer gerufen.
3. An diesem Abend aß man besonders gut.
4. Man kann Weihnachten nicht ignorieren.

IV — Complétez par »wenn«, »als« ou »ob« :

1. ... die Studentin nach Hause fährt, langweilt sie sich.
2. Sie fragt sich,... die Geschenke ihren Eltern gefallen werden.
3. ... sie Weihnachten feierten, was die Stimmung immer sehr fröhlich.
4. Sie war sehr überrascht,... sie ihr Paket öffnete.

Table des documents

Kapitel I

1 : Fieberkurve der Geldentwertung. Zeit-Magazin. Mit freundlicher Genehmigung des Zeit-Verlags.
2 : Das »ZDF-Politbarometer« : Welche Partei gefällt Ihnen am besten ? Die Zeit von 11. Juli 1986.
3 : Der Platz auf der Lohnleiter. Globus-Kartendienst, aus Schwarzwälder Bote vom 18. Juli 1986.
4 : Einnahmequelle Tourismus. Globus-Kartendienst, OECD, aus Schwarzwälder Bote vom 15. Juli 1986.
5 : Probleme, die die Bundesbürger bewegen. Die Zeit vom 11. Juli 1986.
6 : Weltausfuhr : Die Größten auf dem Weltmarkt. Globus-Kartendienst, aus : Schwarzwälder Bote vom 3. Juni 1986.
7 : Die Macht des Wählers : Abgeordnete im Deutschen Bundestag. Mit freundlicher Genehmigung des Jugendscala-Magazins vom Mai-August 1984.
8 : Die Entwicklung der Bevölkerungsstruktur in Deutschland. Stern-Magazin, 1980. Mit freundlicher Genehmigung des Stern-Verlags.
9 : Deutsche Zeitungen. Bundespresse- und Informationsamt.
10 : Bevölkerungszunahme. Der Spiegel vom 13. August 1984. Mit freundlicher Genehmigung des Spiegel-Verlags.
11 : Die Arbeitsmarkt-Katastrophe : Arbeitslosenquoten. Der Spiegel vom 16. April 1984.
12 : Kollege Roboter. Globus-Kartendienst, aus Schwarzwälder Bote vom 22. Juli 1986.
13 : Umfrage zur Einstellung der Franzosen zu Deutschland und der Deutschen zu Frankreich : Sympathien in Werten. Der Spiegel, Nr. 48, 1977.

Kapitel II

1 : Romy Schneider. Jean Gaumy, Magnum.
2 3 4 5 6 7 : Ivan Skopan.
8 : Berlin am 30. April 1945. Magnum.
9 : Menschengruppe. Gilles Peress, Magnum.
10 : Deutschland 1948. Seymons, Magnum.
11 : Zollabfertigung — Rechtsanwalt (1984). Ivan Skopan.
12 : Wachtposten an der Berliner Mauer — Spielende Kinder in Berlin. Magnum.
13 : Als Eisenbahner in Frankreich — Ehepaar Vallentin. Yvette Rosenfelder-Brutinot.
14 : Zweiter Weltkrieg, Berlin 1945. Magnum.
15 : Villinger Fastnacht : Narro — APE., Gebr. Metz, Tübingen.
16 : Rothenburg ob der Tauber (Bayern). Erich Hartmann, Magnum.
17 : Bundeskanzler Brandt vor dem Ehrenmal des Warschauer Gettos (1970). Sipa-Press.
18 : Auf der Bundesstraße nach Bayern. Ivan Skopan.
19 : Graffitis an der Berliner Mauer. Sipa-Press.

Kapitel III

1 : Werbeanzeige einer Versicherung. Mit freundlicher Genehmigung der Stuttgarter Lebensversicherung a.G., 7 000 Stuttgard 1.
2 : Werbung für Eurocard. Service der deutschen Banken und Sparkassen; Goethe in Italien. Städelsches Kunstinstitut, Frankfurt.
3 : Werbeannonce der Lufthansa. Lufthansa AG, Frankfurt.
4 : Reklame für Saga-Pelze. Saga-Fox, aus Brigitte vom 15. November 1983.
5 : Telefon-weil man's braucht : Arbeitsgemeinschaft Telefon, Fernmeldeamt, Deutsche Bundespost.
6 : Schallplatten-Schutzhülle : Beethoven, Missa Selemnis : Deutsche Grammophon-Gesellschaft.

Kapitel IV

1 : Grauxaenbach 74, aus Pardon.
2 : Aus Petra-Frauenzeitschrift.
3 : Spiegel-Titelbild : Wie sehen uns die Franzosen ? Der Spiegel vom 21. November 1977.
4 : Traxler 86, aus Zeit-Magazin, 1986.
5 : Fritz Wolf. Brigitte, 1986.
6 : Marie Marcks, 69 Heidelberg.

Kapitel V

1 : Albrecht Dürer : Die Mutter von Dürer. Berlin, Staatliche Museen.
2 : Albrecht Dürer : Die vier apokalyptischen Reiter.
3 : Hans Holbein : Die Botschafter. London, National Gallery.
4 : Carl Spitzweg : Der Briefbote im Rosenthal. Marburger Universitätsmuseum für Kunst- und Kulturgeschichte.
5 : Alfred Kubin : Die Macht. München, Städtische Galerie im Lenbachhaus.
6 : George Grosz : Die Räuber. Berlin, Galerie Nierendorf.
7 : Max Ernst : Der Elephant Celebes. London, Sir Roland Penrose Sammlung.

Kapitel VI

1 2 3 4 : Briefmarken. Bundesrepublik Deutschland und Deutsches Reich, Deutsche Bundespost
5 : Banknoten der Deutschen Demokratischen Republik. Staatsbank der DDR.
6 : Deutsche Wappen. Tatsachen über Deutschland, Deutsches Presse- und Informationsamt.
7 : Die Teilung Deutschlands 1945. Jugendscala vom Mai-August 1984.
8 : Berliner Stadtplan.
9 : Münchner Stadtplan : Sehenswürdigkeiten. Städtisches Verkehrsamt, München.

Kapitel VII

1 : »Vorwärts« vom 9. November 1918. Zeitung der Sozialdemokraten.
2 : Bild-Schlagzeilen. Günter Wallraffs Bilderbuch. Mit freundlicher Genehmigung des Steidl Verlags, 1985.
3 : Brombeerhecken und ein wenig Moos, aus Frankfurter Rundschau vom 12. August 1986.
4 : Richtige Bewegung. Der Spiegel, 1984.
5 : Für oder gegen Kernkraftwerke. Brigitte, 1986.
6 : Tante Emma wird vergessen. Stern-Magazin, 1985.
7 : Faßbinder. Stern-Magazin, 1982.
8 : Das ist unser Traum !. Stern-Magazin, 1985. Photo 1, Nikolaus Similache; Photo 2 und 3, Mario Pelizzoli; Photo 4 und 5, Meyer-Andersen Stern.
9 : »Baader, Bier, Sauerkraut«. Der Spiegel, 1975.
10 : Spiegel-Report über die Integration ausländischer Schüler. Der Spiegel, 1985.
11 : Brief von Mozart an seinen Vater vom 22. Januar 1782.
12 : Das Kapital von Karl Marx. Verlag von Otto Meissner, Hamburg.
13 : Das Album der Charakterbilder. Brigitte, Nr. 24, 1977.
14 : Brief von Franz Kafka an seine Schwester, Elli Hermann, Herbst 1921.
15 : Erich Kästner : Brief an mich selber. Gesammelte Schriften, 1961, Atrium-Verlag, Zürich.
16 : Heinrich Böll : »Querschnitte«, aus Interviews, Aufsätze und Reden von Heinrich Böll, Kiepenheuer & Witsch, 1977. Mit freundlicher Genehmigung des Kiepenheuer & Witsch-Verlags.
17 : Günter Grass : Kopfgeburten oder die Deutschen sterben aus. Luchterhand, 1980.
18 : Irmtraud Morgner : Kaffee verkehrt, 1976. Aufbau-Verlag, Berlin und Weimar.

IMPRIMERIE LOUIS-JEAN – 05002 GAP Dépôt légal : 163 — Mars 1987